本书为国家社科基金项目
"美育维度的高校思想政治教育工作创新研究（17BKS130）"的成果

美育维度的高校思想政治教育研究

段虹 ■ 著

MEIYU WEIDU DE GAOXIAO SIXIANG
ZHENGZHI JIAOYU YANJIU

中国社会科学出版社

图书在版编目（CIP）数据

美育维度的高校思想政治教育研究/段虹著. —北京：
中国社会科学出版社，2022.10
ISBN 978 - 7 - 5227 - 0736 - 5

Ⅰ.①美… Ⅱ.①段… Ⅲ.①高等学校—思想政治
教育—研究—中国 Ⅳ.①G641

中国版本图书馆 CIP 数据核字（2022）第 142577 号

出 版 人　赵剑英
责任编辑　杨晓芳
责任校对　刘利召
责任印制　王　超

出　　　版　中国社会科学出版社
社　　　址　北京鼓楼西大街甲 158 号
邮　　　编　100720
网　　　址　http://www.csspw.cn
发 行 部　010 - 84083685
门 市 部　010 - 84029450
经　　　销　新华书店及其他书店

印　　　刷　北京明恒达印务有限公司
装　　　订　廊坊市广阳区广增装订厂
版　　　次　2022 年 10 月第 1 版
印　　　次　2022 年 10 月第 1 次印刷

开　　　本　710×1000　1/16
印　　　张　15.5
插　　　页　2
字　　　数　201 千字
定　　　价　85.00 元

前　　言

本书系国家社科基金一般项目"美育维度的高校思想政治教育创新工作研究"的成果，本书的主题是美育维度的高校思想政治教育与时代新人的全面发展。

美育维度的高校思想政治教育充分融合了高校思想政治教育和美育的优势。一方面，在人才培养过程中，高校思想政治教育旨在实现立德树人的目标，培养大学生正确的社会价值观念、高尚的道德情操以及健康的人格；另一方面，美育主要通过"以情动人"的方式潜移默化地塑造人、培养人，为高校思想政治教育的改革与创新提供全方位的支持。

本书从历史和现实两个向度出发论述美育的历史沿革和现实意义。从历史发展过程来看，美的创造与体验，一直以来都是中外思想家所关注的重要议题。从现实性来看，美育的功能不仅与高校思想政治教育立德树人的目标相契合，而且美育多样化的教育手段和丰富的教学方法能够在很大程度上提升高校思想政治教育的成效。因此，越来越多的高校思想政治教育工作者开始关注如何有效地借鉴美育的功能，让它能够更好地服务于立德树人的目标。

　　本书从美育维度出发来阐释高校思想政治教育工作的改革与创新，这对于高校思想政治教育研究来说是一个全新的视角。我们之所以强调高校思想政治教育要借助美育的方法，是因为美育拥有扎实的理论基础和丰富的知识内容，能够满足人的精神需要，提升人的文化素养和道德水平，美育通过"以情动人"的方式来实现人的全面发展，建构一种更加和谐的社会关系。从这个意义上看，从美育维度出发进行系统研究是一个崭新的思路，这一思路有助于高校思想政治教育以多样化的方式和手段实现立德树人的目标，在此基础上实现时代新人的全面发展。就近五年高校思想政治教育工作的实施情况来看，各高校的思想政治教育创新工作已经取得了重大进展，这主要体现在三个方面。第一，从思政课教师的层面来看，各高校的思政课教学纷纷借助慕课、微课等现代化的教育手段，充分利用了大数据所提供的技术支持，采用案例分析法、任务教学法以及翻转课堂等前沿的授课方式，教育理念的更新和教学手段的升级成功吸引了大学生对思政课程的关注，抬头率、出勤率、参与度也都相应提高，高校思想政治教育课程在课堂教学效果方面取得了长足发展。第二，从高校辅导员的工作来看，他们能够通过多样化的沟通方式和青年学生更好地进行交流，在日常沟通中也能够借助哲学、法学、心理学、社会学等学科的沟通方法积极关注学生的生活需要，及时了解学生的思想动态，并对学生进行符合社会主义核心价值观的舆论引导，极大地助力了高校思想政治教育工作。第三，从课程思政建设的成果来看，专业课教师也能够在日常教学中将社会主义核心价值观的元素融入课程内容之中，让学生在专业课学习中也能够接受马克思主义科学理论的引导，在行动中弘扬爱国主义精神，从这个意义上看，思政课程改革和课程思政建设正在实现同向同行的协调发展。

虽然目前高校思想政治教育工作改革已经取得了一系列的成就，但是高校思想政治教育课程作为育人铸魂的主渠道，应该更加精益求精、追求卓越，契合经济社会发展对人才培养所提出的更高要求，因此高校思想政治教育的改革与创新工作也要符合时代发展，这也为美育维度高校思想政治教育工作的开展供了契机。第一，借助美育有助于高校思想政治教育以多样化的方式和手段进一步实现人的全面发展。美育维度的高校思想政治教育不仅仅注重"关注率""出勤率""抬头率"以及"优秀率"等量的变化，而且更加重视价值认同、素养提升、品格养成等质的方面的提升。第二，从师生关系层面来看，美育维度的高校思想政治教育通过教师在语言美、心灵美、风度美等方面的全面提升，构建一种审美化的新型师生关系，让学生在发现美、感受美、体验美的过程中进一步理解并认同授课内容。第三，从教学情境层面分析，美育维度高校思想政治教育在课程设置、课程内容、授课方法等方面也更加契合当代大学生在知识积累、理论养成、文化积淀、审美体验等方面的需要。

从美育维度高校思想政治教育的可行性来看，当前人们教育理念的更新、理论研究的成果和数据技术的发展从不同的层面提供了全方位的支持。第一，无论是思政教师，还是青年学生，都越来越重视理论视野的拓展和文化底蕴的积淀，这已经成为一个重要共识，从这个意义上看，美育的开展契合了广大高校师生的需要。第二，数据技术的发展提供了各种文化资源，教师可以借助经典文艺佳作和优秀文化精品作为实施美育的教学资源。具体来看，无论是慕课、微课等教学手法的运用，还是任务教学法、项目教学、翻转课堂等新的教学模式，都需要借助中华优秀传统文化、红色文化和社会主义先进文化等重要资源。第三，哲学社会科学的相关研究也取得了丰硕的理论成果，为美育的开展和实施奠定了坚实的理论基础。

　　基于美育的重要价值以及实施美育的可能性条件，本书将审美教育同高校思想政治教育相融合，进一步探索高校思想政治教育的发展方向，对高校思想政治教育工作的改革创新提出了五个方面的对策和建议。第一，以大数据技术系统评估大学生的审美需求。第二，以经典文艺作品鉴赏提升大学生的审美能力和审美素养。第三，善用信息平台拓展高校思想政治教育教学的美育资源。第四，运用审美化语言提升思想政治教育的感染力。第五，遵循美的规律营造校园文化环境。为了实现上述目标，本书在美育维度高校思想政治教育的课程设置、教学方法、评价机制等方面也进行了一系列的理论探索。从课程设置来看，美育维度的高校思想政治教育课程作为一个整体，其构成内容更加丰富多彩，实施环节更符合大学生的认知发展规律，课程学习的评价机制也更加科学。从具体的教学方法来看，美育维度的高校思想政治教育采用多样化的教学方法和多元的教学手段，综合运用了案例法、项目教学法、任务教学法等，善用新媒体时代的网络资源，通过改善教学情境，实现师生之间的良性互动，构建新型的审美化师生关系，促进教学模式的不断完善，激发大学生的爱国热情，实现时代新人的全面发展。在课程学习评价方面，本书对当前高校思想政治教育的评价机制进行了系统的文献梳理和理论研究，尝试性地探索了美育维度高校思想政治教育的评价机制。

目 录

第一章　中西审美教育的历史沿革

若要真正理解美育在思想政治教育中的价值和功能，我们有必要重新审视美育的历史沿革。的确，多数学者认为审美教育的系统理论诞生于 18 世纪的德国，但美育的观念却早在数千年以前就已经产生，且源远流长，并在思想史的发展中生根发芽。实际上，无论是古希腊时期的哲学家，还是古代中国的思想家，都看到了人们对美的事物以及美好生活的追求，也注意到了艺术对人的品格的塑造和行为的影响。

第一节　中国审美教育的思想溯源

作为世界文明古国之一，我国素有礼仪之邦的美称。之所以以"礼仪"著称，主要是因为我国有着宝贵的文化遗产，其中孕育着优良的审美教育传统。时至今日，我们以现代人的目光和视野去反思、探索和研究这些传统文化留给我们的宝贵遗产，其价值依然闪耀着艺术的光辉，这对于今天的审美教育具有非凡的意义。

一 中国古代"人本主义"美育观

我国古代的美育思想，可追溯到遥远的上古时代。青铜器造型艺术以象征的符号，给人们以敬畏和神秘之感，同时，其造型和绘图的视觉形象所传达的某种超越含义和审美特性，也给人们以精神的慰藉和情感的满足。这是远古时代原始美育的开篇。与生存劳动和宗教祭祀紧密结合的诗、乐、舞合一的艺术形式在古人的生活中，占有极为重要的地位，它们在情感、教化、安民、治国等方面，都起到了积极的作用。早期的"诗教"和"乐教"是我国古代美育的最初形态。所谓诗教、乐教，其根本目的就在于培养封建社会所需要的君子，而以道德教化为其旨归。作为先秦儒家诗论总结的《诗大序》在谈到艺术的作用时指出："先王以是经夫妇，成孝敬，厚人伦，美教化，移风俗。"这就是我国古代的"礼乐教化"。因此，可以说中国古代美学就是人生美学，这实际上包含了美育思想的萌芽。

中国古代美育思想的内核在于"中和美"。正如孔门弟子所著《礼记·中庸》中所说："喜怒哀乐之未发，谓之中；发而皆中节，谓之和。中也者天下之大本也，和也者，天下之达道也。致中和，天地位焉，万物育焉。"在这部经典之中，"中和"被提升到了天地万物之根本的高度。另外一部经典《尚书》则提出了艺术的"八音克谐""神人以和"的要求。据《尚书·舜典》中记载："诗言志，歌永言，声依永，律和声，八音克谐，无相夺伦，神人以和。"而《论语·雍也》中也有"质胜文则野，文胜质则史。文质彬彬，然后君子"这样的论述。我国最早的音乐理论专著《乐记》中也提出"乐者天地之和也"的重要观点。这样的"致中和"的美育思想，我们可以将其称作"中和论美育思想"。孔子美育思想是其仁学的延伸和发展，以养成以仁为核心的理想人格为出发点和归宿。美育可以说是达仁的途径，即通过美育点拨，唤醒人之仁心，觉识生活的目的、意义及价值。

孔子把"礼"教和"乐"教结合起来，他在提出"兴于诗，立于礼，成于乐"的人才培养模式，认为君子的修养以诗为基础，以礼为框架，以乐为最终目标。艺术教育在这一教育模式中占据了最重要的两端。他把"中和之美"的理想渗透到美育中，这样就可以培养出符合他的理想的具有中和特点的贵族君子，他的审美理想是"尽善尽美"。孔子的"礼乐相济"的美育思想，奠定了中华民族"温柔敦厚"的人格理想基础，从而对后世的美育思想产生了极其深远的影响。

孟子以孔子的私塾弟子自居，继承并发展了孔子"以仁为乐"的人格美育思想。孟子认为人性的本质为善，他在《孟子·公孙丑上》中提出"我善养吾浩然之气"，这种义与道的气"以直养而无害，则塞于天地之间"，通过感性的方式对人的本性进行滋养、维护。把伦理道德的培养当成自由的审美追求，从而把伦理人格的养成落实在审美教育上。荀子则继承了孔子"礼乐相济"的美育原则，并对此做了更加系统的阐释。荀子在人性论上主张"性恶"，他认为食色、喜怒、好恶、利欲等情绪欲望是人的先天性情，不能强行压制，但也不能放纵，所以他主张用音乐来节制和规范情感欲望，培养仁者。孔子仁学主张的一个核心要义在于"内圣外王"，这个主张将孔子的政治伦理思想与美育思想融合起来。具体来看，孔子把礼乐的政治教化之功用的实现落实到了具体的人格修养方面，也就是说礼乐的教化并不是抽象的，而是要具体到人的生活之中，在这个过程中伦理道德、建功立业与审美融合起来，人生之境界也就达到了美的意境。荀子则在《荀子·乐论》中进一步指出"乐行而志清，丰而行成，耳目聪明，血气和平，移风易俗，天下皆宁，美善相乐"；《乐记》中指出"乐也者，圣人之所乐也，而可以善民心，其感人深，其移风易俗，故先王著其教焉"。从这个意义上看，"美人""美俗"与"美政"可以形成一个统一的整体，中国古典美育也开始转变为经世致用的人学美育。

老庄的审美观是超功利的，极力强调从物的本身及物与我的精神联系上去发现美，去感受美，也就是庄子在《庄子·人间世》中所说的"乘物以游心"。从美育角度来看，老子似乎对美育采取了否定的态度，他认为声色之美"令人目盲""耳聋""发狂"，因而他主张"无知无欲""清心寡欲"，然而实际上，他的"美真合一""天人合一""道法自然"的思想，是强调声色之美的质朴、纯真和适度，强调审美的非功利性和超越性。他把人们的视线引入更加广阔的大自然领域，注重自然美的审美教育，使人们在顺应自然、欣赏自然，与自然沟通中得到感悟、受到启迪。这样，就把审美教育从儒家学派更多地局限于狭隘的社会政治和伦理道德范围，扩展到大自然的领域，使审美教育向更深更广的方向发展。

庄子继承并发展了老子的思想，他也对奴隶社会的虚伪和残暴等黑暗面采取了揭露和批判的态度，倡导自然无为的"道"，强调美与真的统一，在当时具有非常重要的社会意义和时代价值。庄子认为，美的本质并不在于精细的雕砌，而在于自然无为，美是自然生命本身合乎规律运动所表现出来的自由，美的规律要符合自然无为的"道"，"法天贵真"就是美，违背了自然无为的"道"，人为地破坏生命的自然本性，虚伪矫情，刻意雕琢，就失去了真，也失去了美。庄子进一步指出，孔子所主张的制礼作乐是违背人的自然本性、束缚人的自由的强行教化，是不利于人的发展、扰乱天下太平的做法。因此，他主张废礼乐、弃仁义，甚至"绝圣弃智，返璞归真"。

不仅如此，庄子对"法自然"这一命题进行了论述，具体地解释了道家思想的核心要义。首先，庄子提出"天地有大美而不言"这一具有美学意义的论断，指出美的超功利性和无目的性，但另一方面庄子也指出美是具有某种特定目的的。这实际上也是一种"法自然"的主张。具体来看，人生境界若要达到"美"，必须能够跳脱出功利性的动机，自然而然，从而"备于天地之美"。这一主张与儒家带有功利色彩的美学主张截然不同。其次，庄子并没有对儒家思想进行全盘的否定，他承认儒家的"德充"之美，但这种"德充"之美，主要源于"法天贵真"，是人的内在生命力的充实性，是个体的意识情感不受任何拘束的自然流露，因此与儒家所说的仁义道德的充实性风马牛不相及。再次，庄子主张超功利的"浮游"，来玄览天地之"大美"，使个体自由的生命力（"德"）与宇宙自然的生命力（"道"）和谐统一。这与儒家倡导的个体与社会的和谐也截然不同。最后，庄子强调要有"坐忘""虚静"的审美修养。所谓"坐忘"，就是"离形去知，同与大通（道）"，即忘掉自我的存在和理性的欲求，与自然之"道"相契合，从而达到物我同一的内心"虚静"的境界。这样才能与天地之"大美"沟通，达到"悦道悦神"的最高审美境界。

在中国古代美育思想中，应该特别提出的是清代王夫之的美育思想。王夫之是一位著名的理学家，他继承和发展了宋明理学的人性论，提出了自己独特的见解。王夫之认为，人性不是先天就有的，而是随着时间的推移逐渐形成的。人初生之时，只是产生人性的基础，能否形成善或恶的品性，还要看日后成长的具体情况，即他在，《尚书引义·太甲二》中所说的"性者也，日生而日成也"。"日生日成""习与性成"是他提出的两个新命题。他认为人性的形成一方面受客观条件和环境的影响，另一方面也随着人自身的生长发育而逐渐成熟。因此，对人性的后天培养和塑造就成为一个非常重要的问题。教育的使命就是提高人们修养人性的自觉性和主动性，使人性得到充分的显现。

二 中国近代"教育救国"美育观

梁启超、王国维、蔡元培、鲁迅等都是"教育救国"论的代表人物。他们也正是从教育救国论出发，提倡发展美育。在他们看来，那时的中国之所以衰败，其根本原因在于国民综合素质需要得到提高。而若要改变当时的局面，最要紧的是通过教育提升人的素养。虽然生活在那个时代，但是梁启超等人的主张颇具现代意义。在他们看来，要提升国民的素养，首先不是物质的丰富，或者体魄的改善，而是要寻求一种有效的教育途径去培养高尚的道德人格，通过教育的方式来提高国民整体的道德素养，塑造完全之人才，从而兴邦治国，这是挽救国家的根本大计。

梁启超是近代史上的一位具有广泛社会影响的先驱人物，也是一位思敏气锐、振聋发聩的启蒙思想家。他非常重视美育，把美育看作拯救民族精神、促进社会文明进步的重要途径。他认为，中国社会之所以落后腐败，国民之所以愚昧麻木，其根源均在于国民精神和情感方面的疾病，精神空虚，情感贫乏，趣味低下，人生乏味。要改变这种状况，首先就应从精神入手。由此，梁启超大力倡导"小说革命"。他认为好的小说作品有助于国家，有助于政治，有助于道德，有助于风俗，有助于人格，乃至决定着国家和民族的前途命运。这样，梁启超就把"小说革命"和社会改造联系起来，把审美教育和救国救民联系起来，把审美教育的功能直接导向关乎民族的存亡和国家的兴衰。在他的美育思想中充满着爱国主义情怀。

王国维是中国近代美学史上第一个比较系统地引入西方哲学、美学和美育等学术思想的学者，他主张将这些思想与中国近代思想启蒙和文化革新融为一体。王国维指出了美育的独立地位，使之不从属于德育，在那个时代其思想是独特而深刻的。他认为美育不同于德育，在审美活动中，审美主体面对美的形式或形象，主要是通过直觉进行体验，是一种精神上的陶冶和感染，审美活动本身并不作为物欲或功利。美育的主要任务在于育"美"，而德育的主要任务则在于育"德"，两者的任务是截然不同的。不仅如此，他还进一步明确了美育自身的主旨，但他仍然肯定美育的育德功能，指出美育的第一目的是"调和感情"，第二目的则是"陶冶意志"。如果把王国维的美育思想置于其整个美学思想中去考量，我们就会发现其思想观念颇具中国传统美学思想的印记。与此同时，王国维的美育思想也受到了西方美育思想的深刻影响，具体来看，主要是席勒的游戏美学观念对他的美学思想产生了重要影响。这也启发了王国维培养"完全之人物"的思想。王国维在对美育的研究中，致力人生永恒意义和心灵慰藉之所的探问，并积极关注提高国民精神和人自身的发展，他以美育有其独立的地位并兼具育德的功能为理论前提，提出培养"完全之人物"，也即培养全面发展的人。王国维在他的《论教育之宗旨》中对美育做了专题论述，其思想融合了中西方历史上具有代表性的美育思想，具有深刻的理论价值。同时王国维和鲁迅还从国家和民族的前途命运出发，对美育的作用、价值和审美认识的机制等方面进行了理论分析和探讨，大大拓展了美育的研究范围，从而也赋予了美育新的更为丰富的意义。

随后，我国近代著名的民主革命家和教育家蔡元培先生，成为历史上第一个将美育确立为国家教育方针的人，并全面论述了美育的性质、作用、地位和实施方法等重要内容。在蔡元培看来，美育的实施应贯穿一个人的整个生命过程，而且还应该渗透进社会生活的各个领域。美育的实施包括互相联系和补充的家庭美育、学校美育、社会美育三个方面。美育在学校教育中具有极为特殊的地位与作用。美育作为一种教育理念、教育艺术和方法，应该贯穿于学校教育全过程，它对德育、智育、体育而言也有着重要的渗透作用，只有在德、智、体的教育中体现了美育精神、美育艺术和美育方法，这些教育才能够让人产生愉快的体验，对学习者来说也具有更加强烈的吸引力。不仅如此，他还提出了"以美育代宗教"的主张。1917 年 8 月蔡元培在北京大学校长任上明确提出"以美育代宗教"的主张。其后，他相继撰写了《以美育代宗教》《美育代宗教》等文，反复阐述了美育代替宗教的独特见解。具体来看，他从宗教的起源与本质等方面系统论证了"以美育代宗教"的必然性并阐述了"以美育代宗教"的主要内容。蔡元培主张美育与宗教应该分离，并强调二者之间的区别。另外，五四运动前后，许多美学家、思想家也从不同角度、不同层面对美育问题进行了研讨。在这样的时期，美育的倡导者们大多具有一种爱国忧民、以天下为己任的情怀，他们的美育思想的发展，也经历了一个逐渐系统和深化的历程，并且也具有那个时代的印记，反映了人们反帝、反封建的决心。

朱光潜是近现代史上著名美学家、教育家。他非常重视美育，虽然将自己大部分的精力用于研究审美创造与欣赏这一问题，但是其真正的落脚点却在审美教育。朱光潜先生的著述，从《给青年的十二封信》开始，几乎篇篇都没有离开过审美教育，而且他始终将审美教育与现实人生紧密地结合在一起，从而构建了自己鲜明的现实美育观，具有重要的现实意义。在朱光潜看来，美学并不应该仅仅是一种纯粹的理论形式，它的落脚点是审美教育，而美育的落脚点又是现实人生，唯有如此，美学与美育才能够显示其存在的意义，这一观念具有重要的理论价值和现实意义。对审美与现实关系的理解是朱光潜阐释美育功能的前提，在这一前提下，朱光潜阐释了美育发生作用的现实过程，也就是现实人生如何产生对美育的需要；也论述了美育发生作用的可能性，即美育以何种功能来满足现实人生的需要。正是围绕着这一"供需"矛盾，朱光潜展开了极有层次的深入研究，论证了审美是人生的必然需要这一重要命题。

1999年6月第三次全国教育工作会议上，美育开始得到党和国家的重视，也成为素质教育的一个重要构成部分。从美育的地位来看，它不仅承担着培养创新型人才的重任，而且也承担着现代化过程中人文精神补缺的责任。在这种情况下，我国的美学研究开始探索适应时代需要的美育之路，而不仅仅停留在抽象的理论探究层面，而是从理论走向实践，开启美育转向，一些学者也开始将美育作为理论与实践的前沿课题。同时学界也开始对西方现代有价值的美育思想进行批判地吸收，将其精华部分融入当代审美教育理论体系之中，以审美的态度对待社会、自然，特别是"自身"，作为我国审美教育的一个十分重要的当代课题。

自20世纪末开始，国家更加重视美育的实施。2004年教师节，胡锦涛在北京考察教育工作时，与和平里第四小学美术教师胡明亮讨论学校的美育问题，强调了美育对促进学生全面发展具有不可替代的作用，要求将美育融入学校教育的全过程。从此以后，各大媒体和研究机构开展了一系列美学理论研究和美育探讨活动。"美育，是党的教育方针的重要组成部分，是对青少年进行全面素质教育的重要内容。因为，美育不仅是认识世界、改造世界的重要手段，也是实现人类自身美化、完善人格塑造的重要途径。美育有着独特的功能和作用，这是其他教育所无法替代的。培养人，提高人的素质，最根本的问题是要提升人的精神境界。美育的最终意义，就在于使人的情感得到陶冶，思想得到净化，品格得到完善，从而使身心得到和谐发展，精神境界得到升华，自身得到美化。教育的根本任务，是要培养有理想、有道德、有文化、有纪律的'四有'新人，人的全面发展是我们教育工作的基本出发点。不论是基础教育还是高等教育，都应高度重视美育，都应把全面提高学生素质作为主要目标。离开了这个基本点，就谈不上教育教学质量。"①

十八大以来，美育的地位又被提升到一个新的高度。2018 年 8 月 30 日，习近平总书记在给中央美术学院 8 位老教授的回信中指出："做好美育工作，要坚持立德树人，扎根时代生活，遵循美育特点，弘扬中华美育精神，让祖国青年一代身心都健康成长。"这一重要论述为当前高校美育工作指明了方向，同时也打开了更为广阔的视野。在这样的背景下，新时代高校思想政治教育工作者们纷纷以此为指导，不断地积极进取，创新教学方法，更新教育理念，继续扎实有效地推进美育事业的发展。将美育维度引入高校思想政治教育课程，在此基础上，以美育促进思政课程和课程思政的同向同行，对于新时代高校思想政治教育工作的改革与创新具有十分重要的现实意义。

第二节　西方审美教育的演进历程

西方美学的发展并不是线性的，而是经过了不同范式的转化。一

---

① 仇春霖：《大学美育》，高等教育出版社 1997 年版，第 1 页。

些学者认为，西方美学的发展经历了三个不同的阶段，即本体论阶段、认识论阶段和语言学阶段。① 我们也可以认为西方美学的发展经历了三种不同范式的转换，即本体论的范式到认识论的范式再到语言论的范式。从源头上厘清西方美学的发展，对我们来说能够更好地了解美学发展的内在逻辑。

一　西方古代本体论美学思想初探

古希腊哲学的一个特点就是实体主义精神，受此影响西方古代美学从诞生之日起就具有一种科学主义的倾向，实际上很多早期的哲学家可以说是身兼数职，既是自然科学家，也是哲学家，同时也在探讨美的创造与体验。正因如此，古希腊早期哲学家倾向于将"美"实体化，也就是说将"美"视为一种独立存在的实体，这种实体论的倾向虽然有利于以"美"为主体的探讨和研究，但是也消解了美和人类创造之间的密切关系。同时也正是由于古希腊的哲学家基本都是自然科学家，早期哲学的存在状态也是科学的变体，而作为爱智之学的哲学实际上就是科学。泰勒斯作为公认的第一位古希腊哲学家，他试图用"水本原"说来解释世界的统一性，这种思维方式本身就具有科学主义的特征。泰勒斯之后，古希腊哲学家也用同样的方式去探究世界的本原。受到科学主义的影响，哲学家们也试图运用科学主义的方法去把握美的本体，从而开始了哲学史上对美的研究，这种研究不断追问美的客观本质，这种科学主义倾向虽然坚持探寻美的现象背后的客观规律，但也消解了审美主体的创造性本质。这种以科学知性的方法去探求美的本质的方法在西方美学史上影响深远。毕达哥拉斯学派的

---

① 朱立元：《西方美学发展的三个阶段》，《中州学刊》2000 年第 1 期。

"数本原"说以一种完全客观主义的方式去探寻美的问题，把自然科学的思维模式完全运用到了美的探究之中，强调数的和谐能够体现美的本质。赫拉克里特和德谟克里特把知识论原则与伦理学原则运用到美学研究中去，开创了"美真统一"和"美善统一"的先河，具有划时代的意义。苏格拉底声称自己所要追寻的不是具体的美的事物，而是"什么是美"，使事物成其为美的"美本身"，苏格拉底从事物普遍定义的追寻来对美本身进行的探讨，直接肇发了柏拉图关于美的理念的学说，使柏拉图抛开了现实世界中具体的美的事物而去寻找这些美的事物背后的终极目标——美本体，从而加速了美学的转变——使美的本体由客观物质实体转换为客观精神实体。至此，柏拉图的美学就已经彻底成为一种客观精神论美学。"美是什么"作为客观主义美学的提问方式在柏拉图这里被明确地提了出来，按照实体主义的立场上，柏拉图认为"美是理念"，这是一个与现实世界无关又独立于个体心理世界的形而上学的、永恒的理念的王国。美是理念，是一个超越现实的彼岸世界，现实世界中的美是分享了美的理念而美，是理念的摹本。理念与外在世界是分裂的，所以柏拉图用"分享"说来解决理念之美是如何向现实之美过渡的，从而把美按"分享"理念的多少设定成一个由低等到高等的目标系统。柏拉图在《会饮篇》中谈到了美由低等向高等过渡的等级制度。首先，从某一美的形体得出一般美的形式，接着是人的心灵的美，进而是行为制度的美，再进一步是各种知识学问的美，最后是美的理式。美的层次品位越高，理性色彩越浓，对美的理式的"分有"就越充分，对美的本质的占有就越多。可以说，柏拉图把美学问题完全知识化了。"美是什么"的发问完全是一种科学主义的方式。站在柏拉图的美学理想来看，美学就成了不食人间烟火的仙子，这种形而上美学的症结就在于它完全忽视感性而依赖知性在思想领域"高空运作"，从这种绝对实体主义的立场去解决属于精神世界的美的问题，正如康德所说的运用范畴的知性原则去处理属于理性原则的物自体一样是没有结果的。因而柏拉图不得不说"美是难的"。

　　柏拉图美学的客观理性主义倾向在亚里士多德这里被演绎成纯粹的形式逻辑结构。亚里士多德以极其冷静的唯智主义颠覆了柏拉图建立起来的理念王国。亚里士多德怀揣"吾爱吾师，吾更爱真理"的决心在《形而上学》和其他著作中，全面批判了柏拉图的理念学说，其中当然也包括美的理念。亚里士多德通过创建形式逻辑在知性的海洋里借助范畴建立起自己的实体论美学体系。他用逻辑形式的思辨推理，否定了柏拉图的理念论，挖掉了柏拉图的美学根基。他认为理念论既无法说明事物的存在和多样性，也不能解释事物的变动及形成。而艺术世界比现实世界更加真实，因为它更能显示历史发展的逻辑必然性。亚里士多德在实体论方面回答了"美在哪里"这一问题。他认为，美是事物本身的一种属性，运用知识论的方法即可把握事物的美的属性，即从具体的个别事物出发，就可以找到使这些具体事物美的最终原因。在神学目的论的指导下，亚里士多德对美的本质的观点可以归结为"有机的整体性"，即一个个别事物自行将其"原来零散的因素结合成为统一体"①。而这种有机整体的最终根源则在于亚里士多德的目的论思想。一个具体事物的存在是有目的的，这种目的最终导致美善统一。亚里士多德说："美是一种善，其所以引起快感正因为它是善。"② 在此基础上，亚里士多德提出了艺术的审美净化学说，"净化"是一条纽带，把艺术与道德连接起来了。他特别在悲剧里谈

---

① 转引自朱光潜《西方美学史》上卷，人民文学出版社 1980 年版，第 78 页。
② 转引自朱光潜《西方美学史》上卷，人民文学出版社 1980 年版，第 78 页。

到了他的悲剧净化理论并走向了审美道德主义。总之，古希腊美学是在客观主义方法论的指导下，把"美"实体化、对象化，以寻求美的本质，无论是苏格拉底，还是柏拉图、亚里士多德，"都以对待自然的方法对待人、事，采取逻辑分析态度，做纯粹理智的思辨，把美和善作为客观的求真的对象"①。

普洛丁连接了古希腊罗马美学和中世纪美学，是古典美学的集大成者，他开启了中世纪象征主义美学之门。在有关美的事物的来源问题上，普洛丁也是遵循柏拉图的回忆说来论证那种涵盖一切的美的理念为人不朽的灵魂所固有，美的事物之所以成为美，是由于分有了美的理念（形式）。他认为，神是美的来源，美源于对神的认识。神是"太一"，它超越现实存在，是纯粹思想本身，是宇宙之源，是真、善、美三位一体的统一体。可以看出，普洛丁不仅将美的观念引入了一个超验的世界，以求在经验世界以外为美寻求一个栖息之所，而且他也没有超越古希腊时期的科学主义思维模式，从方法论层面来看普洛丁仍然坚持科学主义的思维模式，试图将真、善、美三者统一起来，只不过基于自身的立场赋予了这三个概念以神学的形式。

经过普洛丁的传承，古希腊罗马的客观主义美学传统过渡到了中世纪神学美学。中世纪由于基督教神学的统治，包括美学在内的各门学科都成为神学的婢女。哲学家圣·奥古斯丁的美学思想带有深深的神学印记，奥古斯丁给美下的定义是"各部分的适当比例，再加上一种悦目的颜色"②。在奥古斯丁看来，这种比例和颜色不是为了以艺术化的手法去描摹现实的经验世界，而是出自一种超验的理想，强调美的本源来自"上帝"之美。经院哲学家托马斯·阿奎那的美学思想同

---

① 牟宗三：《中国哲学的特质》，上海古籍出版社1997年版，第10页。
② 转引自朱光潜《西方美学史》上卷，人民文学出版社1980年版，第129页。

样具有厚重的神学印记。阿奎那认为物体的美应该具备三个要素，即完整或完美、适当的比例和鲜明。实际上，阿奎那对美的定义并没有超越古希腊的美学成就，只不过他第一次把"鲜明"提了出来作为美的要素，但这也表明阿奎那的美学观念具有一定的感性特征，这也为后来的美学家区分善和美奠定了基础。在阿奎那看来，美是感性的认识对象，而善则是欲念的对象，阿奎那在一定程度上也在试图将审美活动从功利行为中剥离出来，但阿奎那并没有摆脱神学目的论的影响，他对美的论断也是为了证明神的光辉。中世纪的美学观念作为神学的附庸，理论阐释的最终目标是要证明上帝的存在。在中世纪美学的视野中，上帝是最高的美，现实事物的美只是相对的和有限的，而上帝的美却是绝对的和无限的，通过对感性世界的有限的美的认识就可以认识上帝的美。从这个意义上看，中世纪美学实际上暗含一种倾向，那就是对对象实在性的相信，因为缺少这种对对象实在性的相信，神学也会失去根基。这种实在性就源于对上帝真实存在的相信。中世纪的美学实际上依然是一种实体主义美学，在这一点上传承了古希腊传统，但中世纪美学认为这种实体就是全知全能的上帝。从方法论层面来看，中世纪美学家的实体主义美学依然是基于主客二分的思维模式，对美的认识就成为对上帝的认识，上帝则是最高的美和最高的善。

文艺复兴高扬人文主义的旗帜，美学在这一次的思想解放运动中重现曙光，"人"的活动在艺术的复兴中逐渐活跃起来，从这个意义上看，文艺复兴时期的美学并不是一次简单的复古，人的主体地位开始逐渐恢复。但是，文艺复兴依然带有"复兴"古典主义的特点，古希腊美学的基本学说——"和谐说""模仿说"等仍旧是文艺复兴时期美学的主题，并且成为他们反对中世纪神学的一把利剑。但客观主义作为古代美学的一面旗帜根本没有受到任何挑战。

二 西方近代认识论美学思想转折

17—19 世纪，随着自然科学的迅速发展，西方社会进入了近代，人的理性进一步获得解放。哲学逐渐从关注作为世界总体的存在转向关注人本身对世界的认识，人获取真理的途径、过程和方法，人如何确定知识的真理性，等等，哲学的重心也就从本体论转向认识论。这一转向从法国哲学家笛卡尔开始，由大陆理性主义与英国经验主义共同发展，而由德国古典哲学最终完成。这一时期的美学也随之而进入了认识论阶段。

笛卡尔的哲学是典型的认识论哲学，他是从知识的可靠性、清晰性和明确性出发，来寻求哲学通向真理的途径的。他强调怀疑在认识世界中的巨大作用。在普遍怀疑的基础上，他推出唯一不可怀疑的事实是"我在怀疑"，由此得出"我思故我在"的著名结论。笛卡尔的美学思想基本上也是属于理性主义认识论的。他与古代偏重于从存在论角度讨论美学问题不同，而主要从主客体的认识关系来把握美，他明确指出："所谓美和愉快的都不过是我们的判断和对象之间的一种关系。"[1] 而从理性高于一切的立场出发，他的审美判断的标准和尺度也暗含着某种理性主义精神，如认为美是"文辞的纯洁"，是"恰到好处的协调与适中"[2]，这些论述的一个共同特点是，都是在认识论框架中按理性至上的原则展开的。

在美学的认识论转向中，英国经验主义和大陆理性主义从两条对

---

[1] 北京大学哲学系美学教研室：《西方美学家论美和美感》，商务印书馆 1980 年版，第 29 页。

[2] 《西方美学家论美和美感》，商务印书馆 1980 年版，第 80 页。

立的路线上分别做出了重大的贡献。

英国经验派的奠基人弗朗西斯·培根的美学思想就体现了这种经验主义的认识论。他谈美不似柏拉图、普洛丁那样借抽象玄思寻求美的本体、理念，培根更为关注、研究现实生活中各种美的形态，如相貌、色泽、动作等更为具体的美。他认为艺术创造应突破理性的僵死规范，而任经验自由地发挥，"应该凭一种得心应手的轻巧（就像音乐家奏出一首优美的曲调那样），而不凭死规矩"①。他最早从人的心理活动角度为学术活动分类，认为"历史涉及记忆，诗涉及想象，哲学涉及理智"②，并对想象活动做了初步的研究，开创了把艺术、审美活动与想象这种人的特殊认识、心理机制联系起来的新思路。

霍布斯是培根经验主义哲学的继承人，他反对理性主义的"天赋观念"说，认为一切知识都是从感觉来的。他以善为美的核心，以美为善的形式，从感性经验层面，列举出姣美、美丽、壮美、漂亮、体面、清秀、可爱等美的形态。霍布斯认为美和善有着必然的联系但是又存在着差别。美是善的一种，是欲望中的善，欲望所向往的目的中的善才是愉快，作为手段的善叫作"有用"。他强调了美与人的功利性欲望无关，却在反面把美和人的情感联系起来，把想象分为简单的与复合的两种，把想象力与判断力两种认识能力加以对比，认为优秀的诗作只有想象力与判断力的和谐配合才能创作出来。

霍布斯之后的一位重要的经验主义代表人物是洛克。他批判了理性主义的"天赋观念"说，提出了著名的"白板说"。他把从感官经验获得的观念分为简单观念与复杂观念两种类型，认为美属于感官经验中的复杂观念，这实际上把美归结为一种感觉经验。他还认为美和

---

① 《西方美学家论美和美感》，商务印书馆1980年版，第77—78页。
② 转引自朱光潜《西方美学史》上卷，人民文学出版社1980年版，第186页。

巧智应是"令人不假思考就可以见到",而不应"用真理和理性的规则去衡量",这已涉及审美的直觉性问题。洛克创立的经验描述法在美学方法论上亦有重大意义。所以,虽然洛克本身对美学问题论及不多,却把经验主义美学推向成熟,洛克的尝试和努力具有划时代的意义,不仅为英国启蒙运动中所出现的一系列重要美学思想奠定了理论基础,而且也在一定程度上克服了唯理论缺少经验分析的困境,为当时欧洲的经验主义哲学发展做出了巨大贡献。

英国经验主义美学的最后和最高水平代表是博克。他从论趣味的共同性入手,不同意休谟把趣味的共同标准局限于少数天才的审美经验和能力的观点,而是从人的感觉器官的共同构造出发,强调了人们感觉外部事物的方式总是类似的或者彼此之间只有极小的不同。据此而言,美感或趣味也有共同的标准。他指出人的审美趣味均由感觉、想象力和判断力组成,其中感觉是基础,有创造性的想象力最重要,与推理相关的判断力也不可缺少,这种注重感觉与判断力统一的审美趣味观,使经验主义美学达到了新水平。博克最重要的贡献在于在西方美学史上第一个区分了崇高与美两个重要范畴,并从感性经验的角度用归纳法细致地分析了崇高和美的观念的起源以及美的客观性质和感官接受的特性。

英国经验主义美学的各位代表人物虽然有哲学倾向和观点上的许多不同,但在以下四个方面他们具有共同点。第一,审美判断都以感觉经验为基础;第二,对美学问题的讨论都是基于认识论的框架;第三,研究重点都放在了主体心理结构特别是感觉和想象力等感性心理机能的研究上,并将研究的结果用来揭示审美现象的特性;第四,在方法论层面都运用了归纳法,而没有采用演绎的方法。

与经验主义不同,理性主义侧重于运用演绎的逻辑推理方法去进行美学研究，其中以法国理性主义为代表，布瓦洛则是一个典型的理性主义者。布瓦洛结合了文艺创作实践来论述其美学主张，并为文艺创作确立了一系列的原则。布瓦洛的"诗的艺术"一开始就强调文艺创作必须遵循理性，以理性的逻辑演绎为基本原则。在他看来，艺术创作之中包含着对自然的模仿，但这种模仿不应该是随意的，而是要严格遵循理性的逻辑，因为理性的逻辑可以帮助人们遵循客观世界的规律，在此基础上才能发现美的真谛。即使是艺术虚构"也只为使真理显得格外显眼"①。把艺术定位于认识和再现真实与真理，这是一种典型的认识论美学思路。布瓦洛的理性主义美学具有较强的现实意义，就流行文化的发展来看，虽然很多作品掌握了"流量密码"，但真正优秀的作品必须是源自生活的，即使采用了各类现代化的创作手法，但创作本身不能是随意的，必须有一定的依据和主题。

德国理性主义美学的发展，以莱布尼茨为代表。莱布尼茨的哲学思想也带有较强的自然科学印记，但莱布尼茨却是在理性主义认识论框架之下进行美学论述的。莱布尼茨把艺术和审美活动定位于清晰的认识中的模糊认识阶段，即带感性因素的理性认识阶段，这是一个过渡阶段，连接了感性认识和理性认识。莱布尼茨还对人的审美鉴赏力与理性能力进行了比较，认为"鉴赏力和理解力的差别在于鉴赏力是由一些混乱的感觉组成的，对于这些混乱的感觉我们不能充分说明道理。它和本能很近似"②。这就揭示了审美活动的特点，它看似感性直

---

① 北京大学哲学系美学教研室：《西方美学家论美和美感》，商务印书馆 1980 年版，第 81 页。

② 北京大学哲学系美学教研室：《西方美学家论美和美感》，商务印书馆 1980 年版，第 84—85 页。

观，但实际上却离不开理性认识，莱布尼茨的论述为美学确立了更为深厚的认识论基础。

理性主义对西方美学的继续发展产生了深远的影响。法国启蒙主义美学从伏尔泰、卢梭到狄德罗，虽然每一位思想家的美学主张都有所不同，但是都保持了理性主义认识论的特征。与之类似，德国的启蒙主义美学从高特谢特、温克尔曼、鲍姆加登、莱辛到赫尔德，同样也沿着认识论的方法发展，其中以"美学之父"鲍姆加登为代表。鲍姆加登之所以在美学研究上有这样的成就，在很大程度上是因为他继承了莱布尼茨—沃尔夫的理性主义认识论传统，但又对理性主义者轻视感性经验的倾向有所改变。鲍姆加登的贡献并没有局限在理论研究，他提出应建立一门专门研究感性认识的新学科，并创造了"美学"这个重要的概念来为这门新学科命名。鲍姆加登在《美学》一书的开头为美学下了如下定义："美学（作为自由艺术的理论、低级的认识论、美的思维的艺术和理性类似的思维的艺术）是感性认识的科学。"① 鲍姆加登借用了沃尔夫只用于理性认识的"完善"概念，说美是"感性认识自身的完善"。从此以后，美学作为一门新学科获得了独立性，关于美学的专门研究和美育的独立发展也获得了合法性。

综上所述，近代美学的发展过程始终贯穿着两条主线，一条是洛克的"经验论"传统，另一条则是笛卡尔的"唯理论"路线，近代哲学的发展也同样贯穿着这两条路线。无论是经验论，还是唯理论，都把探寻真理的标准作为自己哲学的唯一目标。虽然主张不同，但他们的贡献都是以知识论的方法去分析人类的审美情感。而两派美学的

---

① 转引自朱光潜《西方美学史》，人民文学出版社 2001 年版，第 289 页。

共同缺陷也被康德揭示出来，即在有限的现象世界之外去寻找无限的"终极解释"，用自然科学的方法去解决超越自然科学现象的精神问题——审美现象，这实际上就是把自然科学的方法机械地套用到了人文科学领域，对于美学研究来说，就是把丰富多彩的审美活动当作静态的自然现象来研究，只做外在的客观的分析和研究，消解了人类活动的多样性，这样的方法无法深入研究美的真谛，这实际上也是理性误用和科学主义思潮泛滥的严重后果。

三　西方现代价值论美学思想表征

西方现代美学的美育转向是以康德、席勒为其开端的。康德既是西方古典美学的总结者，也是西方现代美学的开拓者。他的理论作为"法国革命的德国理论"①，集中体现了资产阶级启蒙主义的政治思想要求，他反对封建主义，主张民主共和，强调人的地位和能动作用。康德在 1790 年出版的《判断力批判》中首次突破西方古代传统的认识论美学思想，将审美界定为特定的情感领域，作为认识（知）与道德（意）的桥梁。同时，康德又以崇高作为纯粹美与依存美（艺术）的桥梁，使美包含道德的深刻内涵。他说："美是道德的象征。"② 这样，康德就在他自己构建的哲学体系中完成了"自然向人的生成"，使美学成为培养具有高尚道德的人的中介环节，从而第一次使美学由认识论转到价值论，从纯粹哲学思辨转到人生境界的提升。这就是康德为西方现代美学的美育转向所开辟的道路。继康德之后，德国著名诗人席勒"基于康德的基本原则"，于 1793 年第一次提出了"美育"的概念，发表了著名的《美育书简》。他在《美育书简》中继续发挥

---

① 《马克思恩格斯全集》第 1 卷，人民出版社 1995 年版，第 10 页。
② ［德］康德：《判断力批判》，宗白华等译，商务印书馆 1985 年版，第 201 页。

康德"中介"论的思想，将美育界定在情感教育的范围之内，并明确提出："要使感性的人成为理性的人，除了首先使他成为审美的人，没有其他途径。"① 关于美与人性的联结，席勒指出："美不是别的，美只是一种形式的形式，而那称之为质料的东西，必须是有形式的质料。完善性是质料的一种形式，美与此相反，是这一完善性的形式。因此，完善性与美的关系如同质料与形式的关系。"② 席勒对美学领域的突出贡献在于，他找到了一条通向自由和真理的康庄大道，也就是从个体层面的审美教育。因为，美已经证明人可以从感性依存过渡到道德自由，美的事实已经说明人与感性关联就是自由的，那么人如何从有限上升到绝对，在思想和意志中如何与感性对抗都不再是问题了。因为在美中已经发生过这一切。问题在于人怎样开辟出一条道路使他从日常的现实达到审美的现实，从单纯的生活感达到美感，这一思想观念对后来的美学家具有深刻的影响。

黑格尔把康德力图调和经验主义和理性主义的努力提高到一个新的水平，以理性主义为主导实现了对两大传统的辩证综合。在《美学》第一卷中，为了探索美的本质，黑格尔详尽分析了历史上各种关于美与艺术的理论观点，尤其重点考察了康德、席勒、歌德和德国浪漫派的观点，在此基础上提出了"美是理念的感性显现"这个著名的关于"美"的定义。黑格尔讲的美的理念是一种绝对理念，或者说，是绝对精神阶段的理念。这种理念就是真，但美又不只是真，抽象的理念，抽象的真，还不是美，只有当理念显现为生动的感性形式的时候，才由真成为美。黑格尔反复强调，美的感性显现是理念的自身显现，是理念自己把自己显示为理性的。理念的这一显现过程是一个辩

---

① ［德］席勒：《美育书简》，徐恒醇译，中国文联出版社 1984 年版，第 116 页。
② ［德］席勒：《美育书简》，徐恒醇译，中国文联出版社 1984 年版，第 151 页。

证的过程，既是理念的自我否定，又是理念的自我肯定。

同黑格尔几乎是同时代的叔本华却在冲破西方古代传统的唯意志主义非理性哲学的基础上，提出"艺术是人生的花朵"①的命题。叔本华的论断具有更加鲜明的现代性。他认为在资本主义的重重矛盾之中，生命意志的本质是痛苦的，生存本身就是不息的痛苦，而要摆脱痛苦，途径之一就是通过艺术进入一种物我两忘的审美境地，从而使艺术成为人生的光明与希望。这种"人生艺术化"的思想到了尼采那里又有了进一步的发展。从时代归属的意义上看，叔本华与尼采都可以算作由西方古代美学到西方现代美学的过渡，但尼采更具现代性，从总体上应该算作西方现代美学范围。因为，尼采以其著名的"强力意志"为武器，彻底地否定了西方古代的理性主义传统，喊出了惊世骇俗的"上帝死了"的名言。他同样倡导"人生艺术化"的命题，但具有更加浓厚的现代意义。他认为人生就是一出悲剧，人不仅生活在阻碍生命的现代颓废文化之中，而且工具理性与经济主义的膨胀也在戕害着人性。他说："由于这种非文化的机械和机械主义，由于工人的'非人格化'，由于错误的'分工'，经济、生命便成为病态的了。人类的目的，也就是文化便看不见了。作为达到文化手段的现代科学活动，产生了野蛮化。"②为此，他把审美与艺术提到世界第一要义的本体论高度，提出艺术是"使生命成为可能的伟大手段"的观点。他说他弘扬一种以酒神精神为核心的悲剧文化，借以冲破传统的理性精神，重塑一种以惊骇与狂喜为特点的激荡奔放的新的审美精神与人格力量。

---

① ［德］叔本华：《作为意志和表象的世界》，石冲白译，商务印书馆1982年版，第369页。

② ［德］尼采：《瞧！这个人》，刘琦译，中国和平出版社1986年版，第57页。

可以这样说，贯穿整个西方现代美学历程的人本主义美学思潮从某种意义上都是人生美学，也就是广义的美育。弗洛伊德著名的"原欲升华论"，也是一种美育思想，即通过艺术与审美的途径对人的本能的一种提升，精神的一种升华。但作为具有深远影响的人生美学（即美育），除了19、20世纪之交的唯意志主义美学，就是存在主义美学。存在主义美学兴盛于第二次世界大战之后。此时战争给人类带来无穷灾难，随着资本化和工业化的深化，资本主义社会的内在矛盾日益加剧，从环境与文化、物质与精神、外在与内在等诸多方面对人类的生存状况提出挑战，施以压力，每个人都生活在窘困之中。海德格尔把这样的时代称作"世界黑夜"。而萨特则说，这个社会是不道德的，它不是为了人，而是为了利润而建立的。就是在这样的情况之下，存在主义美学更加彻底地推翻了古典美学关于美的思辨的抽象思考，而将其注意力完全转向现实人生。它们以人的生存状态为其研究的出发点与落脚点。首先敏锐地洞察与感受到现代资本主义对人的深重压力。它们作为哲学本体的"此在"，实际上就是一个失去精神家园的无所皈依、潦倒漂泊的"自我"。这个"自我"的"被抛入"之感，影响心情，烦的心境就是其生动写照。为了改变这种极为困窘的生存状态，使人找到真正的精神家园，存在主义美学家们提出了通过艺术与审美实现"生存状态诗意化"的重要命题。海德格尔借用诗人荷尔德林的诗句说道："充满才德的人类，诗意地栖居于这片大地。"① 萨特则将艺术与审美看作人的生存状态由困窘到自由的提升，

---

① 胡经之、伍蠡甫：《西方文艺理论名著选编》下卷，北京大学出版社1985年版，第582页。

他说："写作是某种要求自由的方式。"① 与存在主义美学对美育的重视相呼应的还有作为社会批判理论的西方马克思主义的一些代表人物，例如美籍德裔哲学家马尔库塞。他在其著名的《单向度的人》中，对以美国为代表的发达资本主义社会中实证主义、工具主义、分析哲学等科学主义思潮的泛滥及由此造成的技术拜物教及对普通大众的精神压抑进行了无情的鞭挞。他认为，这种科学主义思潮的泛滥与技术拜物教的盛行导致了这种"单向度的社会""单向度的思想""单向度的人"，从而对否定性的批判思维及相应的艺术、哲学进行排斥。为此，他试图以艺术与审美对这种"单向度的社会"进行改造。他说："艺术也在物质改造和文化改造中成为一种生产力。"② 而实用主义理论家杜威则从科学主义的角度关注美育，提出"艺术生活化"的著名命题。杜威的突出贡献在于将艺术归结为经验，从而以经验为中介打破艺术与生活的界限，他认为，审美经验就是生活经验的一种，只是比生活经验更加完整圆满。他说："这种完整的经验所带来的美好时刻便构成了理想的美。"③ 这种"理想的美"的获得，实际上就是个体生命与环境之间由不平衡到平衡过程中所获得的一种鲜活生活经验。由此可知，杜威的艺术生活化的理论也从一个侧面反映了现代工业社会大众文化逐步发展的实际情况，同时又带有某种使生活艺术化的理想色彩。

在这里要特别提出的是，法国当代哲学家福柯晚期提出著名的"生存美学"思想。福柯的这种"生存美学"提出"要把每个人的生

---

① 胡经之、伍蠡甫：《西方文艺理论名著选编》下卷，北京大学出版社1985年版，第113页。

② 转引自朱立元主编《现代西方美学史》，上海文艺出版社1993年版，第1021页。

③ 转引自朱立元主编《现代西方美学史》，上海文艺出版社1993年版，第643页。

活变成艺术品"的观念。他说："与自我的关系具有本体论的优先性，以此衡量，呵护自我具有道德上的优先权。"① 福柯"自我呵护"命题的提出，是同他对当代社会的认识分析密切相关的。他认为，现代社会工具理性的极度膨胀集中表现为在"规训机制"下"规范化"的蔓延，社会的各个部门都按某种规范活动，从而使人丧失"自我"，丧失"自由"，导致了现代社会中的诸多问题。因而，福柯呼唤"自我呵护"，把自己的生活"创造成为一件艺术品"。福柯作为解构主义理论家，他的"自我呵护"命题的提出，标志着一个重要的哲学与伦理学转折。将人的关注点从人与社会、他人的关系转到人与实际存在的人自身的关系。但是福柯"自我呵护"命题的侧重点并不在于人的解放，而在于人的艺术化生活的"创造"。这一命题的审美乌托邦倾向与极端个人主义内涵是十分明显的。但它所揭示的现代社会工具理性与市场拜物教盛行所造成的"规范化"现实，以及由此产生的人的"自我"的某种程度的丧失还是客观存在的。在唯物主义实践观的指导下，对其个人主义内涵加以扬弃，通过"自我呵护"，将每个人的生活都创造成"艺术品"还是有其意义的。

利奥塔作为后现代主义的杰出代表，在对传统包括现代西方知识和文化的"总体性"发动全面挑战时，利用了语言学的修辞策略，他把以往的全部知识归结为"叙事"或"叙事性知识"，面对与"总体性"相符的现代性"元叙述"和"元话语"发起质疑，以引导出后现代主义的合理性、合法性。他说，现代性科学"依赖上述元话语来证明自己合法，而那些元话语又明确地援引某种宏大叙事，诸如精神辩证法、意义解释学、理性或劳动主体的解放"等，而后现代就是

---

① [美] 路易丝·麦克尼:《福柯》，贾湜译，黑龙江人民出版社 1999 年版，第 172 页。

"针对元叙事的怀疑态度"，这种后现代主义的怀疑态度"是科学进步的产物"，是与"元叙事"这种"合法化叙事构造瓦解的趋势相呼应"的。① 根据这一思路，他竭力推崇先锋派艺术中的"革新"倾向，发掘其美学上"革新性"的崇高内涵，以此作为后现代艺术的取向。由此可见，在一定意义上可以说，整个 20 世纪西方美学都处于"语言转向"的不停的变动之中，用"语言学"阶段来概括这一时期（现当代）的西方美学，应当说是比较恰当的。

---

① 王岳川、尚水编：《后现代主义文化与美学》，北京大学出版社 1993 年版，第 25—26 页。

第二章　美育维度高校思想政治
教育的理论参照

美育维度的高校思想政治教育之所以能够在现实的教学实践中发挥其功能，是因为这一观念的提出是以一系列的科学理论作为理论参照的。具体来看，马克思主义关于人的全面发展的理论提供了人学基础，充分揭示了审美能力是完整的人的重要组成部分；康德、席勒、马克思、尼采等人的审美价值论则从价值层面分析了美育的实施对于道德教育的重要作用；德育美学观则进一步从教育理念的层面阐释了美育和德育之间的内在关联，强调美育在一些方面的功用无法被德育所取代，但又能和德育相融通。

第一节　马克思主义人学理论的哲学基础

马克思、恩格斯在《共产党宣言》中深入探讨了人的发展问题，强调未来的共产主义社会的特点在于"每个人的自由发展是一切人的自由发展的条件"①。这一理论观点历久弥新，不仅成为马克思主义理

---

① 《马克思恩格斯选集》第 1 卷，人民出版社 2012 年版，第 422 页。

论发展史上的经典论述，而且也为当前高等教育领域的研究和高校思想政治教育工作的改革与创新提供了重要的哲学基础。

一　人的全面发展理论

人的全面发展这样一种教育观念是相对于人的片面、单向度的发展而言的。具体来看，人的全面发展包括纵向发展和横向发展两个向度。从人的纵向发展来看，个体的发展是一个连续不断的过程。从儿童、青少年、成年直到老年，各个阶段都需要不断地进行学习并且在社会实践中增长自身才干并提升自身素养，各个阶段的任务截然不同却又紧密相连，只有顺利完成当前阶段的任务才能为下一个阶段的发展打下基础。就人的横向发展而言，人的发展包括德育、智育、体育、审美等诸多方面，它们从不同的侧面呈现出人的素养和能力，这就意味着，道德水平、认知模式、身体素质和审美能力共同协调着人的全面综合发展，让人的各个方面的能力相得益彰，以此来培育一种完整的人格。就此而言，对于高等院校的教育者和教育领域的研究者来说，他们不仅仅要培养学生某个阶段应对考试的能力或注重某个特定领域专业知识水平的提升，而且要特别注重学生继续学习和终身学习能力的培养，并关注学生在知识、能力、素养等方面的综合协调发展。在众多教育领域之中，美育对审美能力的培养和审美素养的提升可以贯穿于不同的教育阶段、各个年龄层次和各个领域之中，因此美育不仅对于学校具有重要作用，对于人的终身发展也具有不可替代的价值。

人的全面发展也内在地要求把人作为发展的目的，也就是使人在世界当中确立自己的价值，使每个人的和谐、自由发展成为目的本身。在哲学发展史上，斯宾诺莎较早提出"人是目的"的思想，认为人以实现自身的本质为目的，但作为自然界的一部分，人又是自然界实现无限目的的一个工具。在此基础上，康德进一步阐发了这一思想，指出任何人在任何地方和任何时候对待每件事情，都应当把自己和他人当作目的，而不是当作手段和工具，强调良好行为的动机应该是出自自身的善良本心和自由意志，而不是受到外部压力或一些功利主义的影响。然而资本主义社会的现实状况却无法让人们从事那些自由自觉的实践活动，全面发展也难以实现。即使工人在某一方面的技能和才华能够得到一定程度的发展，但这只是资本榨取剩余价值的工具和手段，这种发展也不能成为全面的发展、充足的发展和自由的发展。因为只有资本具有独立性，而工人阶级却被禁锢在了一个特定的活动范围之内，并没有超越这一范围的自由。基于这样的认识，马克思进一步强调，个人是目的和手段的统一，每个人是手段同时也是目的，而且只有成为手段，才能达到目的，也只有把自己当作自我目的才能成为手段。个人自由而全面的发展，就是使每个人都要满足自我发展和自我实现的需要，就是为了自身人格完善和促进社会进步而发展，就是把人作为目的而发展。

在唯物史观的理论视野中，人的全面发展也包括了人的类特性的应有发展。这里的类特性在《1844 年经济学哲学手稿》中被提及，这主要是指人的自由自觉的创造性活动。而人的类特性的应有发展，在内容和性质上是指人的创造性活动能力与人的主体性的充分发挥和发展，这一论断在当时也具有重要的现实意义。根据马克思的唯物史观，在资本主义条件下，工人阶级在异化劳动中逐渐丧失主体价值，反而被机器和劳动工具所支配，活动也仅仅是他们所赖以谋生的手段而已，他们活动的形式也必然是贫乏、简单、无趣、沉闷的，所以很多工人才会像逃避瘟疫那样逃避劳动。长此以往，虽然社会现代化进程在发展，但是人们只满足于寻求一种"渺小和粗鄙的快乐"和"可怜的舒适"，渐渐地，人们的生活就变得既平庸又狭小，更缺少对他人及社会的关心，这种意义丧失之最终结果，就是人的片面发展。有鉴于此，马克思从一个全新的意义上定义了人的全面发展，将劳动形式的丰富和完整作为全面发展的一个重要衡量标准，只有劳动回复到本真状态，个人活动才能相应地达到丰富性、完整性和可变动性的自由自觉状态，这充分体现了社会进步和人的发展的协调性、全面性和相互促进性。同时，人按其必然性来讲，也应当且必须实现其类特性。

此外，人的社会特性的和谐发展也是全面发展的重要表现。社会性作为人的本质属性，既包括了个人和人类的和谐发展，也包括了个人和集体的协调进步，同时也包含着个人和他人的共同发展，还包括个人内部各个方面的和谐发展。随着现代化进程的发展，个体主义成为一种思潮，并且被一些人所接受和推崇，而且也一度被认为是现代文明发展的产物。这主要是因为，现代社会人们的确在一些领域中的自由度更高，不再受一些传统观念和原有行为模式的制约，甚至可以自由选择他们所偏好的生活方式和生活状态，可以按照兴趣来规划自己的职业发展和人生理想，走出一条属于自己的生活道路。然而，极端的个体主义倾向却存在着明显的漏洞。它在一定程度上抛弃了文化传统和伦理原则，也忽略了人与人之间在交往中所形成的共识，更没有看到社会公序良俗的维系在社会发展中的重要意义，可以说极端的个体主义只重视自我的眼前利益，以满足自身需要为根本目的，同时以主体—客体模式来看待自我与他人的关系，只将自己看作主体，却把他人看作客体。与此不同，唯物史观的视野中，人的社会特性的和谐发展必须包括个人与他人之间的和谐发展，人的存在过程也包含着一种合理的交往行为模式，这也正是唯物史观相对于其他一些社会思潮的优势之所在。

人的全面发展也包含着个性的自由发展，这样一个论断具有深刻的理论内涵。第一，个性自由发展表现为身心的健康、协调、全面发展。只有身心健康的人，才能够在社会活动中呈现出生命力和创造力。这一要求既包括健康的体魄，也包括完善的人格结构。第二，全面发展也是现实性和潜在性的辩证统一。无论是人的个性，还是认知水平，都会在不同程度上受到社会物质生活条件以及具体的阶级关系所制约。在马克思那里，人的全面发展是现实性和潜在能力的统一，必须充分发挥每个人所具有的潜能，让潜在的能力现实化。第三，人的需要的不断丰富并得到相应的满足。人的发展的内在根据就是人的需要的不断丰富。根据马克思的论述，人的需要的发展遵循一个规律，即从片面的需要发展到全面的需要，从低层次的需要发展到高层次的需要，从具有占有性的（利己）需要到充实人的本质力量的需要，这些需要的不断丰富和发展能够体现出人的全面发展的渐进过程。从这个意义上看，马克思主义的需要理论对现代心理学和社会学的发展都具有重要的影响。第四，全面发展也要关注个体在当下的感受，主要是指现有的物质生活条件所赋予人们的内在感受，这种感受应该是丰富且深刻的。马克思认为，在私有制条件下，人只存在拥有的、单一的和占有的感觉，这是一种空虚的体验，反过来会阻碍人的发展。只有丰富、全面而又深刻的感觉，才能够成为真理性认识的基础，才能构成全面发展的前提。第五，全面发展也包括精神生活的丰富和完善。人的存在是肉体和精神的统一，人的超脱世俗生活之上的更高精神生活把人与动物区别开来。精神文化生活的丰富程度是美好生活的重要内容，由于社会物质已经到了一个相对繁荣的程度，因此越来越多的人关注精神生活领域，人们开始追求更加积极的人生意义，更加关注对自我或他人的尊重程度，同时也更加重视审美化的体验，这是时代进步的重要尺度。第六，全面发展包括个性的自由发挥。马克思主义理论中的个性，包括作为主体性的个性、作为社会性的个性以及作为个体的个性。作为主体性的个性通过人的能力的发挥程度体现出来，而作为社会性的个性则是通过不同社会群体之间承担不同的角色来体现，除此之外，作为个体的个性通过不同个人之间的特性呈现出来。实际上，人的全面发展也要求对人的主体性的确认，这就使人在实践中不断体验并确立自己作为主动行动者、积极创造者、责任承担者的地位，渐渐地实现自由生存、自主活动和自我实现的目标。具体到生活情境之中，人的这种主体性主要表现为人既可以对自己的过去、现在和未来进行自我评价和自我规划，将自身的意向性和创造性付诸行动，并自由选择自己的发展道路、发展方式、发展途径以及发展方向，又可以凭借自身的能动性和行动力不断超越现实生活本身。

那么人的自由全面发展的物质基础是什么呢？在唯物史观的理论视野中，生产力的高度发展以及对社会生产力总和的全面占有，为人的全面发展提供了物质基础和条件。生产力的高度发展是人的全面发展的前提和基础，对社会生产力总和的全面占有是为了把这一基础真正用于人的全面发展，二者缺一不可。人是生产力中的首要因素，发展生产力也就意味着人的不断发展。在某种意义上，人的发展和生产力的发展，以及对其总和的全面占有是同一过程。发展生产力和占有其总和要通过提高人的各方面能力来实现；而人的发展又作为一种生产力推动整个社会的进步。

二 人的能力的全面发展

虽然马克思、恩格斯所讲的人的全面发展包括人的需要、能力、社会关系和个性的全面发展，但主要强调的则是人的能力的全面发展。他们指出："任何人的职责、使命、任务就是全面地发展自己的一切能力。"① 这里，马克思、恩格斯实际上是把人类能力的发展作为共产主义社会的目的。在马克思、恩格斯那里，人的全面发展具有非常丰富的内涵。

历史唯物主义的全面发展理论包含了"每个个人"的平等发展。这种平等包括机会、资源、条件保障等方面的平等。发展的这种平等性体现了现代分工和旧式分工之间的区别。在旧式分工的社会条件之下，人们的活动总是受到各种客观条件的限制，包括物质条件的限制，也包括一些陈旧思维模式中所固有的"刻板印象"。例如，《1844年经济学哲学手稿》中所提到的私有制条件下的"三分离"所造成的"异化劳动"这一现象，就存在着人与人之间关系的严重异化，这形象地描述了私有制社会中的不平等现象，在这种情况下当然也无法实现"每个个人"的平等发展。而在现实社会中，人并不是抽象化、原子化、孤立化的存在物，而是具体的现实的鲜活的社会行动主体，社会交往的本质也是一种"主体间性"（Intersubjectivity）。主体间性意味着人的全面发展应包括各个交往主体之间的协调发展。

根据马克思的论述，人在自己的劳动活动中逐渐地认识、探索和创造自己的本质，这就意味着，劳动过程总是包含着认识的深入和能力的提升。正因如此，就其实质来讲，人的全面发展必然要求每个人

---

① 《马克思恩格斯全集》第3卷，人民出版社1960年版，第330页。

都能够平等地发挥他们的能力。当然，一定的发展也总是会通过付出代价和扬弃代价这一过程来实现，这一结论是根据马克思、恩格斯对社会历史进程的考察和研究得出的。然而，需要说明的是，代价的必然产生，并不意味着人们在发展方面就会受到不平等的对待。马克思主义所谈到的平等概念，并不是形式上的平等，而是实质上的平等。具体来看，并不是每个人在发展的起点和结果上都是一样的纯粹相同，完全一致，这无论在资源的获得上还是在先天的素质上都是难以实现的。所谓平等，是指社会赋予每个人在发展条件和发展机会方面的均等，让人们可以不受一些外部因素的制约和左右，无论拥有何种程度的财富、金钱、地位，每个人都能按照其本性和需要获得相对平等的发展其能力的机会和基础。马克思主义对"平等"的这一理解在现代社会角色理论中也得到了回应。例如，人们会根据产生原因的不同，将社会角色划分为"先赋角色"和"成就角色"，在现代社会，凭借自身努力奋斗而获得的成就角色成为我们能否获得社会期待的重要标准。

进一步来看，人的全面发展并不仅仅是理性能力的发展，这里的全面包括知、情、意等不同的层面。的确，理性能力的培养在传统教育中被突出强调。理性能力主要包括人的逻辑思维能力和抽象反思能力，这些都是人的高端思维能力，对于我们理解客观事物和社会现象的本质具有重要作用，应该被努力培养。但是，一个全方位发展的人仅仅具有理性能力还远远不够，人的精神活动和心理活动都十分复杂，不能简化为理性能力。在理性能力之外，我们也能够看到人在意志、情感、审美等方面表现出的卓越的能力。例如，人们总是会由衷地钦佩科学家、哲学家这些抽象思维能力和理解能力极强的人，因为他们在自然科学和人类思想的发展过程中都做出了杰出贡献，但与此同时我们也会真诚地颂扬那些具备高尚道德情操的好人，具备强大意志力的英雄人物以及创作出优秀艺术作品的艺术家。这些人和自然科学家一样沟通着人类所追求的永恒主题——真、善、美。康德在《判断力批判》中也将审美能力作为沟通真、善、美三者之间的桥梁。由此，我们看到了以培养审美能力和提升审美素养为目标的美育在实现人的全面发展过程中所发挥的重要作用。

既然能力的全面发展涵盖了理性和非理性这两个领域，那么从时代背景进行考量，全面发展的人不仅要拥有较高的智商，而且也要具有足够的情商。由于美育拥有"以美益智"和"以美促德"等方面的功能，因而美育的开展也能够协调智商和情商的双重发展。随着时代的发展，"高分低能"的片面发展已经无法适应新时代对人才的需求，尤其是竞争日益激烈的现代职场，它所需要的人才不仅要拥有良好的业务能力和专业技能，而且还必须具备较强的社会适应能力、团队合作意识、关系协调能力、互助互惠精神、自我调节能力等多方面的素质，也就是人们常说的"双商"。若要培养优秀的职场人才，高等教育阶段就必须开始重视智商和情商的双向教育，美育的实施则契合了这一要求。一方面，美育能够以以美益智、以情动人的方法让学习主体在身心愉悦的状态下轻松地学习知识，提升理性思维的能力；另一方面，美育能够以美促德，拥有良好审美能力的人可以辨别高尚与低俗、美好与丑陋，这是提升道德水平的重要前提。在审美活动中，行为主体在身心愉悦的情况下，其理性思维能力和道德水平均得到了提升。因此，我们不遗余力地推动美育课程建设也就意味着越来越多的学生可以享有一种"以情动人"的育人方式，同时也意味着学生们可以在轻松愉悦的教学情境中去获得知识的力量，去感受道德的价值，去体验生活的美好。

三 社会性是人的根本属性

全面发展的人并不是一个原子化的独立个体，而是生活在现实社会中，置身于多样性的社会关系网络中的人，因此我们对于人的评价不能脱离社会情境，社会性才是人的根本属性。关于这一问题，马克思在《关于费尔巴哈的提纲》中从不同的层面进行了系统阐释。从教育者的层面来看，"环境正是由人来改变的，而教育者本人一定是受教育的"①。若要真正实现高等教育立德树人的伟大目标，教育者需要关注社会环境对自身的影响，但与此同时也要辩证地思考社会环境在积极和消极两个方面的影响，以承担高等教育者应有的社会责任。对于学习者来说，应该关注的问题也不仅仅是知识的积累，还有如何在各种不同的社会关系中，寻求并发挥自身应有的价值，努力营造自身与社会环境之间的和谐，这是人的社会本质的体现。正如马克思强调的那样："人的本质，并不是单个人所固有的抽象物，在其现实性上，它是一切社会关系的总和。"② 例如，一位学生，其社会属性不仅仅是一位知识学习者，同时也是家庭关系中的子女，是朋辈群体中的同学或朋友，还是社会共同体中的一员，因此，他要考虑的问题不仅仅是如何做一个教师眼中的好学生，而且也要努力成为一个具有担当的家庭成员，一个友善的同学以及一个承担一定社会责任的知识分子。从这个意义上来看，马克思主义理论中的全面发展并非人的生物属性的发展，而是社会属性的不断完善。据此而言，高校思想政治教育工作的人才培养目标和培养规格不仅要关注个体在知识、能力和素养方面的全面提升，而且也要不断倡导一种和谐、友

---

① 《马克思恩格斯选集》第 1 卷，人民出版社 2012 年版，第 138 页。
② 《马克思恩格斯选集》第 1 卷，人民出版社 2012 年版，第 139 页。

善、积极的社会情境。一种良好的社会关系网络主要包括几个方面的和谐发展，即个人和社会共同体的和谐发展；个人和社会群体的和谐发展；个人和他人的和谐发展以及个体自身人格结构之间的协调发展。若要实现这几个方面的和谐，高校思想政治教育工作要树立起一套科学的社会价值体系，让学生真正了解公共行为准则和公序良俗，唯有如此才能避免偏差行为或错误认知产生的出现。实际上，偏差行为或错误认知的重要原因在于人们只重视自我的眼前利益、现实需要和内心感受，从而仅仅将自己看作社会交往过程中的唯一主体，把他人视为客体，导致了交往的异化。这种异化的交往既无法实现个体和他人、社会群体之间的和谐，也无法实现个体自身人格结构之间的协调，若要实现社会整体的和谐有序发展，必须倡导一种合理的交往方式。在马克思那里，人的社会特性的发展也包含了个体与他人之间的协调发展。据此而言，我们认为人与人之间的社会交往本质上是一种主体间的交往，每个社会成员的全面自由发展都是不容忽视的。在诸多教育领域之中，审美教育不仅能够契合个体高层次的精神需要，同时也能够满足人们对和谐社会关系的追求，因此美育也是实现全部社会成员全面发展的重要途径，从这个意义上看美育所具备的独特优势是不容忽略的。

四　人的权利、需要与责任

人的全面发展也包含着人的权利的实现、需要的满足以及责任的承担三者之间的有机协调。如前所述，人的发展是一个综合性概念，包括各个方面的能力和人格结构的不断提升与完善，同时也包含各个方面的持续发展。若要实现横向与纵向的双重发展，那么人的一些基本权利必须得到满足，这些权利须通过法律法规的方式得以保障。然而，人们的哪些权利能够获得合理性与合法性？这就和人的基本需要相契合。马克思指出，人类的需要之间具有一些共性，并不仅仅是个体的生物性需要，可以说需要本身是一个历史性的概念，"物质生活的这样或那样的形式，每次都取决于已经发达的需求，而这些需求的产生，也像它们的满足一样，本身是一个历史过程"①。既然需要的产生总是受到一定历史时期社会经济、政治乃至文化状况的制约，那么我们更需要关注的就是社会性的需要，而不仅仅是生物性需要。受到法律保障的那些权利也往往契合于人的社会性需要。例如，在前现代社会，人们的需要更多地停留在人身安全、爱与归属等层面，法律所保障的主要是生命权、健康权等，到了当代社会，人的需要具有更明显的社会属性，如尊重的需要、自我实现的需要等，法律保障的权利范围也扩大至就业权、发展权等方面。人在发展过程中不仅需要来自社会和法律的"给养"，更重要的一点是要不断地奉献社会，承担自己的责任，只有权利、需要、责任之间有机统一，人的发展才是全面的、自由的。在当代社会，人们被赋予了满足需要的机遇，也被赋予了自由选择朋友、专业以及职业的权利，但同样重要的是人们要承担相应的责任。关于"责任"这个主题，哲学史也有过经典的阐释。马克思在《德意志意识形态》中强调个体对共同体的责任，萨特等存在主义者则强调个体对自我负有责任，无论哪种观念，都揭示出一个问题，那就是责任才是人的主体性的真正体现，人与人在交往之中所获得的价值共识在很大程度上也恰恰基于这种责任意识。只有意识到自身所担负的责任，人们才能够真正将他人看作另一主体。唯有人们在权利、需要和责任三者之间寻求平衡，人的发展才是全面自由的，社

---

① 《马克思恩格斯选集》第 1 卷，人民出版社 2012 年版，第 203 页。

会环境也相应和谐，同时也能够为审美教育的实施创造一种积极健康的环境。

第二节　审美价值论的价值前提

纵观美育思想在中西历史上的发展，我们不难看出，审美活动并非一个完全孤立的领域。在审美活动中，主体总会通过对艺术作品的欣赏，逐渐获得一种高雅的趣味和高尚的情操，从而能够区分出"高雅"与"低俗"，以及"高尚"与"低劣"，并在实践中塑造善良的品格和养成良好的行为习惯。由此，审美活动并非一味地阳春白雪、孤芳自赏，审美总是和"真理""价值"等概念联系在一起，这一点恰恰契合了德育对高尚道德品格和纯粹价值理想的追求，正是美育和德育之间的这种关联使审美教育在当代高校思想政治教育中呈现出自身的价值，并充分发挥其功能，服务于高等教育立德树人的目标。哲学史上，很多重要的思想家对于审美和价值之间的关系做了深入系统的论述，康德、席勒、黑格尔和马克思等人的观点对此都具有重要的贡献。

一　在审美活动中彰显审美价值

如前所述，以康德等人为代表的哲学家开启了美学领域的美育转向，这一转向标志着审美不再是一个曲高和寡的孤立领域，而美的功能能够和教育相关恰恰是因为审美活动中包含着价值判断。在《判断力批判》中，康德试图将真、善、美三个哲学概念相统一，这是主体理性主义发展的重要里程碑。为了实现这一统一，康德将美界定到特定的领域之中，强调人的认知能力、道德行动能力以及审美判断力是三种彼此独立的能力，但同时康德并没有割裂三者，而是把审美活动作为连接道德与认知的桥梁。此外，在对待美的态度上，康德将美划分为纯粹美和依存美，并将崇高作为划分的标准。这样一来，审美活动也就不仅仅是一个高高在上的独立领域，而是包含了道德活动与价值判断，康德的这一贡献对于现代美育思想的发展具有重要影响。一方面，美学与人的道德活动息息相关，人成为审美活动的主体，可以根据一定的价值立场和道德标准对艺术作品进行具有创造力的鉴赏，这一点对后来的海德格尔、福柯等人的生存美学产生了深刻的影响；另一方面，审美教育的实施获得了重要的理论基础，正是由于审美是包含价值指向和道德内涵的活动，它才能够像"中介"一样对人产生一种渐进式的、潜移默化的影响，进而塑造人的行为与品格。借助审美活动，道德教育事半功倍，这一论断不仅直接影响了席勒美育思想，而且对于现代教育中以人为本的价值取向也具有十分重要的现实启示。

席勒在《美育书简》中继续发挥康德"中介"论的思想，将美育的本质界定为一种情感教育。席勒的美育观可以从两个方面来理解。一方面审美教育不同于知识教育和道德教育，它具有自身独特的功能；另一方面席勒同样肯定了审美活动中所包含的价值指向性，让其能够与道德活动和认识活动相关联。在席勒看来，美的存在恰恰证明了人的一个活动过程，即从感性依存阶段转到道德自由阶段。席勒的美育思想在当代学界引起了反思。例如，段虹（2012）教授在解读席勒美育思想的时候强调，美的事实已经说明人的自由的一个重要标志在于能够与感性活动关联，那么人在思想和意志中如何与感性对抗都不再是问题了，因为在美中已经发生过这一切。问题在于人怎样开辟出一条道路使他从日常的现实达到审美的现实，从单纯的生活感达到美感。可见，美感的获得并不是单纯的知识传递或信息分享，更多的时候美感是一种体验，这种体验需要循序渐进，符合美的规律和尺度，而且美的获得并不需要游离于生活之外，更多的时候美就是生活本身的呈现。

如果说康德与席勒的美学思想更多地专注于抽象层面的演绎，那么黑格尔则具有更为广阔的理论视野。他立足美学史，在《美学》第一卷中，分析了历史上各种关于美与艺术的理论观点，尤其重点考察了康德、席勒、歌德和德国浪漫派的观点，在此基础上提出了"美是理念的感性显现"这一著名论断。黑格尔将绝对精神（Absolute idea）的自我发展和美的理念的形成联系起来，将美的感性显现看作绝对精神的自我呈现，强调美的形成在于绝对精神自己把自己显示为理性。黑格尔美学思想的贡献在于，辩证地分析了美的显现是一个生成过程，这为审美活动赋予了理性的意义。就此而言，美的生成过程离不开人类的实践活动，黑格尔指出"人还通过实践的活动，来达到为自己，因为人有一种冲动，要在直接呈现于他面前的外在事物之中实现他自己，而且就在这实践过程中认识他自己。人通过改变外在事物来达到这个目的，在这些外在事物上面刻下他自己内心生活的烙印，而且发现他自己的性格在这些外在事物中复现了"[1]。这里黑格尔的审美价值论已经脱离了抽象的反思，开始关注人的活动在美的创造中所发挥的关键性作用，把艺术看作人有意识的创造的成果，人在创造中逐渐将自身的本质力量外化为美，真、善、美能够真正统一起来。然而，黑格尔的美学思想依然服务于他强大的绝对精神体系，无法看到人类劳动之中所包含的审美价值。

---

① 转引自朱光潜《西方美学史》下卷，人民文学出版社1964年版，第484页。

二　在劳动实践中获得审美价值

马克思的审美价值论在反思美学发展史的基础上，挖掘了审美活动与人的实践过程之间的内在关联，具有划时代的意义。在马克思看来，人的独特之处在于他能够从事高级劳动，这是一种自由自觉的活动。如何理解这种自由自觉的活动？根据马克思在《1844年经济学哲学手稿》中的相关阐释，自由自觉的活动并不是强制性的劳动，而是一种最能够体现人的创造性价值的积极活动。人在这种自由自觉的活动中，在自己所创造出的产品中所获得的并非一般意义上的成就感，而是深深地体验到一种美感，让劳动者在看到自己产品的时候犹如欣赏艺术品般愉悦而轻松，这一过程即本质力量的对象化。根据这一点，马克思将人类本真的劳动视为一种审美活动，这是一种专属于人类的实践。对于劳动的主体来说，其越是参与劳动之中，审美能力也就越强。作为一个关注现实社会问题的学者，马克思指出，审美活动是每个人都追求的目标。"动物只是按照它所属的那个种的尺度和需要来构造，而人却懂得按照任何一个种的尺度来进行生产，并且懂得处处都把固有的尺度运用于对象，因此，人也按照美的规律来构造"①。

诚然，审美活动的重要意义在理论层面得到了深入而系统的阐释，但在马克思所生活的时代，由于私有制社会中所存在的"三分离"现象，劳动丧失了本真的审美意义，沦落为一种异化劳动。在异化劳动的过程中，劳动者只能将自己的劳动作为维持肉体生存的手段，劳动者需要通过出卖劳动力而获得生活资料，劳动的动力来自外

---

① 《马克思恩格斯选集》第1卷，人民出版社2012年版，第57页。

部世界，这就意味着劳动者无法将劳动看作真正的自由自觉的活动，以致很多人在提及劳动的时候避之唯恐不及。马克思的这个观点不仅在当时具有理论价值，而且从当代视野去理解这一理论，其现实意义依然十分重要。例如，我们可以看到这样的文化现象，一些畅销书的作者在创作之初能够将写作看作一种呈现自身想象力、创造力的审美活动，逐字逐句精心雕琢，创作出来的作品具有较高的艺术价值和审美意蕴，读者在阅读过程中能够体验到作者的独特审美趣味，读者自身也能够获得美的享受。这样一种创作属于典型的审美活动，在这个过程中创作者并没有被任何外在的诱因或压力所驱使。然而，随着创作者自身在阅历、业界地位、稿酬、社会认同度等方面发生变化，一些人的创作意图或作品定位会被外在的诱因或环境压力所改变，他们曾经那些自由自觉的创作活动不再以自身的艺术追求为目的，有人因为要在出版公司规定日期之前完成作品而匆匆截稿，有的人则为了获得更多的版税而盲目追赶潮流，导致作品开始片面追求高效或畅销，其艺术价值却被严重忽略，进而影响了整个文学创作品位的提升，读者也无法获得审美享受。在《1844 年经济学哲学手稿》中，马克思深刻揭示了异化劳动给劳动者所带来的严重后果，失去审美能力，无法在劳动过程中感受到自身的力量，人与人之间的关系也发生了严重的异化。"工人生产的财富越多，他的生产的影响和规模越大，他就越贫穷。工人创造的商品越多，他就越变成廉价的商品。物的世界的增值同人的世界的贬值成正比"[①]。直面现实社会问题的马克思已经看到，即使是创造琳琅满目的物质财富的现代社会，依然无法协调财富积累与人的发展之间的内在矛盾，在商品生产过程中，劳动者无法在

---

① 《马克思恩格斯选集》第 1 卷，人民出版社 2012 年版，第 51 页。

自己的劳动产品中看到自身本质力量的对象化，恰恰相反，他们越来越强烈地感受到劳动产品在支配着自己的想象力、创造力和行动力，"工人对自己的劳动产品的关系就是对一个异己的对象的关系"①。一旦劳动活动被异化为单纯的工具性的行动，那么美感也将荡然无存。据此而言，缺乏审美能力和审美活动，人也不再是完整的人，而仅仅是片面的人，单向度的人，人的真正价值也就无从体现。

随着人类分工和异化的加剧，人类在劳动中愈来愈感受不到美。面对资本主义的大机器生产和劳动分工，面对席勒所说的人成了"一个碎片"的近代文明，马克思对异化劳动的后果作出了极为深刻的判断，"异化劳动从人那里剥夺了他的生产的对象，也就从人那里夺去了他的类的生活，即他的现实的类对象性，把人对动物所具有的优点变成缺点，因为人的无机的身体即自然界被夺走了"②。这就是说，人的本质力量再也无法体现在对象中，对象已不是"我的对象"，而是异于我的压迫者、榨取者。尽管在那样的时代有种种片面发展的艺术，但异化劳动却使人类从总体上丧失了美。马克思的理想，是建立一个扬弃了分工和异化的美的自由王国。马克思的意思是，诵诗作画作为个别人的一种职业会消失，但每个人在一切活动中都会像诵诗作画一般。因此，马克思理想的共产主义，是人的本质力量都得以对象化的审美的社会。异化劳动使人丧失了美，而劳动也从一种单纯的谋生手段，转变成人的第一需要，使得人人都能从创造了美的劳动中享有美。人类在对美的回归中得以实现终极的超越。在马克思那里，异化劳动只有通过对资本主义社会的变革才能向本真的劳动复归。马克思之所以主张消解异化劳动对人的影响，其中一个重要原因是他看到

①　《马克思恩格斯选集》第 1 卷，人民出版社 2012 年版，第 51 页。
②　《马克思恩格斯选集》第 1 卷，人民出版社 2012 年版，第 57 页。

了审美能力对人的价值的赋予，只有消除了私有制，劳动的审美属性才能复归，人的自由自觉的活动才能恢复。由此可见，审美能力如同其他能力一样，也是人的一种本质力量，只有恢复审美能力，人才能够成为全面的、完整的人。

由此可见，按照马克思唯物史观的理论框架进行理解，审美活动的价值在于它与人的全面发展息息相关，一个缺乏审美能力的人只能被看作片面发展的认知主体或者行动主体。审美能力和审美素养的发展程度，不仅是衡量个体全面发展的重要尺度，同时也是一个群体，乃至一个社会发展的重要标志，它虽然无法用一些数字化或数据化的标准去衡量，但它却是一种关乎人的本质的人性价值标尺。马克思的审美价值理论构成美育维度高校思想政治教育的重要理论基础和价值论前提。

三　在生活中表达审美价值

到了 19 世纪末 20 世纪初，科学主义和人本主义成为现代社会非常重要的两种思潮，科学主义崇尚对"真理"的追求，不断拓展理性在各个领域的作用，导致了理性被过度强调，这也一度造成工具理性主义的片面发展，人们追求收益、效益这种可量化的结果。在这样的背景下，人文科学尤其是艺术的发展受到了限制，审美活动中也无法体现人的价值。正因如此，人文艺术领域并不能单纯遵循理性主义的要求，需要思想家从哲学高度提出一种新的思路，于是以尼采为代表的人本主义者开始反思理性对道德、人性、艺术等领域的操纵，从艺术的价值观出发，主张把艺术和"真理"区别开来。从某种意义上看，尼采的确极为夸张地渲染了非理性的价值，但这也为用艺术来反抗"真理"预留了空间。尼采认为，理性主义者最大的谬误在于虚设了两个世界，将"真正的世界"置于现实之外，反而将现实的世界看作虚假的世界，这一传统自柏拉图时代已经开始。在尼采看来，现实世界才是唯一的世界，并不需要在现实之外去虚设那个理念世界，然而尼采认为这个世界也是荒谬而无意义的，所以，尼采提出了一个著名论断——"悲观主义是真理"，但真理却并不是最高的价值标准，这是因为理性主义虽然在历史上具有极为重要的价值，但是从人生的角度看，将真理作为唯一的目标会淡化人生整体的意义，求外观的意志比求实在的意志更形而上。针对这种情况，尼采提出"艺术的最高使命"，即"使眼睛不去注视黑夜的恐怖，用外观的灵药拯救主体于意志冲动的痉挛"。至此，尼采对审美价值的阐释为艺术抹上了一层神圣崇高的光辉，将艺术作为支撑人生的信仰，把艺术定位在人的意志、情感、信仰、理想的界面上。审美价值理论从价值层面再次强调了审美活动对于人的发展和人格完善的功能，为审美教育的系统开展拓宽了理论视野。

随着后现代主义的发展，个性的发展和彰显成为哲学史上的一个重要主题，其中以福柯的生存美学、德里达的解构主义美学以及利奥塔的审美叙事等思想为代表。就欧洲大陆国家来看，法国的艺术以时尚的风格和高雅的品位著称，在后现代主义思潮的影响下，20 世纪中后期的法国哲学家独树一帜地阐释了富有后现代主义风格的美学思想，强调个体在审美活动中的独立性、创造性以及实践性。福柯的生存美学思想，将审美活动和高雅的艺术创作区分开来，从哲学高度赋予了每一个个体以审美属性。福柯所提出的"生存美学"，最为核心的主张就是每个个体的生活都可以幻化为艺术品，只要个体能够关注自我、呵护自我。福柯强调，长久以来的哲学传统，都强调个体与自然的关系以及个体与他人的关系，却唯独忽略了个体同自我之间的关系，而实际上这种自我关系才是真正应该被优先关注的。福柯的美学思想也是基于他的这种个体主体的认识论，强调自我是认识的对象，而自己的生活则应该是审美的对象。福柯认为，现代社会的一个重要特征就是以规训、惩罚机制为运转模式，这种模式严重地挤压了个人的生存空间，若要摆脱这种模式所带来的压迫感，那么人们就需要将关注点回归到自己的生活之中，切切实实地去体验自身对生活的感受。从这个意义上看，福柯积极地倡导自我呵护，自我欣赏，主张要将自己的生活"创造成为一件艺术品"。通过生存美学的阐释，福柯更加深入地阐明了自己的后现代主义理论，福柯生存美学的一个重要影响就是将美学的关注点转到了人自身的关系上，也让人们更加关注自己生活世界中的事物、行动和场景，审美活动开始贴近日常生活，审美获得了现实性。然而福柯后现代主义美学命题的侧重点并不在于人的解放，而在于人的艺术化生活的"创造"。因此福柯所提出的"自我呵护"命题具有一定的审美乌托邦理想主义色彩和极端的个人主义倾向。但福柯生存美学思想的价值却不容忽视，这种价值体现在美学理论的拓展和审美实践的发展两个层面。从理论拓展的层面来看，福柯所提出的现代社会工具理性与市场拜物盛行所造成的"规范化"现实，以及由此产生的人的"自我"的某种程度的丧失还是客观存在的，因此福柯的生存美学思想可以看作一种摆脱现代主义困境的理论尝试。就审美实践层面来看，福柯生存美学观照个体的生存状态，和他早期的"知识考古学"相比更加富有人文关怀，给予每个个体成为生活艺术家的机会，这对于审美的社会化和大众化都具有现实价值，也为审美教育的推广和普遍实施提供了更为坚实的理论支撑。

另一位法国思想家德里达则对欧洲传统理论中的"逻各斯中心主义"作出了哲学层面的反思，提出了极具后现代主义特色的解构主义美学观。德里达主张审美活动应该摆脱传统形而上学的束缚，充分还原个体的创造性。在德里达看来，传统形而上学思维构建了庞大的逻辑体系，在"逻各斯中心主义"传统的作用下，艺术活动也会不断地寻求规律，越是符合规律的艺术，也越是崇高。德里达进一步指出，从柏拉图到康德，这种"逻各斯中心主义的形而上学——绝对的至大、真正的崇高在于内在的理念，同时也暴露了这种形而上学的解构——没有任何形式能充分包含这样的内容"①。根据德里达的判断，崇高的艺术并不等同于审美创造，如果人们依然过于强调艺术的曲高和寡，那么就无法真正摆脱形而上学思维所带来的理论困境，为了避免这一点，应该将审美活动还原到个体的生活之中，承认个体在审美中的创造价值。由此可见，德里达"解构"了形而上学的思维范式，同时也将美的创造拓展到了个体的生活世界之中。

利奥塔既是一位后现代主义者，也是一位重要的语言哲学家。利奥塔的贡献在于他不仅对传统与现代的西方知识和文化之"总体性"发动了全面挑战，而且批判方式也独出心裁——运用语言学的修辞策略。利奥塔认为，过去的知识可以悉数归为"叙事"或"叙事性知识"，对与"总体性"相符的现代性"元叙述"和"元话语"提出反思和怀疑。根据利奥塔的观念，传统的叙事方式是一种宏大叙事，这是一种严格按照某种规律进行的主线叙事，但实际上这种叙事方式会忽略一些支线的故事，误导人们将原本自由叙述的故事主题化、主线化，如此一来故事的讲述也就失去了意义。与此相反，利奥塔认为后

---

① 马元龙：《解构中的美学：德里达的康德批判》，《文艺研究》2017 年第 3 期。

现代主义的叙事是"针对元叙事的怀疑态度",这种后现代主义的怀疑态度更具科学性,它与"元叙事"这种"合法化叙事构造瓦解的趋势相呼应"。在后现代主义叙事理论的影响下,利奥塔竭力推崇先锋派艺术中的革新,主张充分挖掘美学上"革新性"的理论内涵,以此作为后现代艺术的特征。根据利奥塔的论断,美学的这种革新性要通过具有个性特征的审美话语体现出来。如果仅仅对主线故事进行叙事,那么话语本身就会千篇一律,无法体现个体的审美创造性,也很难引起会话者之间的情感共鸣和审美体验,影响沟通的有效性。例如,一个考试失利的学生有时候会有这样的叙事:"我的考试没有通过,我的生活从此就陷入了不幸。"这个叙事结构只是将主线故事的内容呈现出来,即考试的失利就意味着生活的不幸。无论是叙述者还是倾听者都难以形成一种积极正面的情绪,更无从体验深层次的灵魂碰撞和情感共鸣,审美感受很难形成。根据利奥塔的话语观念,我们需要将支线故事补充完整,让叙事结构变得更加灵活、完善、合理,同时也会改变叙事主体将考试失利和生活不幸解读为因果必然性的不合理观念。据此而言,叙事结构可以转变为"虽然我这次考试没有通过,可是这只是这次考试的结果,如果我继续努力,选择合适的学习方法,下次就可以通过,我的生活依然是充满希望的"。这种叙事方式补充了"我继续努力学习"和"下一次考试的结果会更好"这样的支线故事,叙事主体通过这样的会话能够消解考试失利这一客观事实所带来的消极情绪和不合理想法,并产生积极的情感体验,叙事主体则会在改变后的叙事中感受到主体的努力奋进和勇敢乐观,这种积极的情绪更容易引起情感上的共鸣,形成美的体验,也会让交往变得更加有效。后现代主义的美学观念对于我们关注人的个体需要和个性发展具有重要的启示作用,而且也揭示了叙事方式对审美体验和审美创造的重要影响，这对于推动当代美育事业的发展也具有一定的理论价值。

可以说，无论是福柯的生存美学、德里达的解构主义艺术观，还是利奥塔通过微观叙事所构建出的审美活动，都表达了后现代主义者对个体价值的强调，如果从后现代主义的视角去反思美育，那么教师和学生的个人经历、会话方式、审美意向、审美需要都应该被积极关注。从教师的层面上来看，每一个美育的实施者都会在教学过程中呈现出自己的教学风格、独具特色的会话方式和人格特质，正因如此，每一个教师对待相同的教学内容也会有不同的叙事结构，和学生之间的沟通方式也会反映出教师自身的人格特质和教学风格。例如，美育教学总会援引古典文学作品中的桥段，善于逻辑反思的教师会着重讲解故事的线索和因果联系，让学生在文本阅读的过程中不断提升逻辑思维能力，而想象力比较丰富的教师则会从作品中的人物形象出发来启迪学生的发散思维，但无论是哪种教学风格都会提升学生的认知水平和审美趣味，达到美育的教学效果。从学生的层面来看，青少年既充满了对新鲜事物的热情，也怀揣着探索世界的期待，学习知识的时候也会形成自己的见解，这就意味着教师不仅要熟悉自己所讲授的课程内容，也要采取更加灵活的沟通方式。高校美育本身也要构建一种"主体间性"的新型师生关系，教师虽然主导学习过程，引导学生形成良好的学习习惯，启发学生的思维能力，但学生才是真正的主体，他们既要获得知识，也要增长才干，提升素养，在求知的过程中使他们对自己的学习生涯进行规划，在接受美育的过程中他们陶冶情操，提升审美品位，努力成长为全面发展的时代新人。正因如此，无论是教师还是学生，他们在美育中所呈现出的个性特征和个人价值都应该被充分挖掘并积极引导。正是由于美育可以关注每个人的审美需要，关注个体在情感、认知、能力等方面的意向，从以情动人的角度来达成立德树人的目标，因而美育也是高校思想政治教育不可或缺的维度，美育的作用能够帮助思想政治教育以更加个性化、人性化、生活化的方式实现教育理念，完成教学目标。

第三节　德育美学观的教育理念

美育维度高校思想政治教育何以可能？实际上，高校思想政治教育作为一种道德教育，虽然强调对一些价值观念和高尚理想的普遍认同，但是从具体实施层面来看，我们必须找到每个个体都能够接受的切入点和共同点，让作为个体的学生能够在经验层面获得一些真实而具体的体验。那么这种共同体验来自哪里？如何确保这种共同体验能够帮助我们的思想政治教育工作顺利进行？对此，以檀传宝教授为代表的学者提出了一种德育美学观，这种观点强调德育若要充分发挥其育人功能，那么德育本身必须是具有美感的，美育的引入则能够以美养德、以美促德，这是美育维度高校思想政治教育得以实施的重要理论前提。德育美学观作为一种教育理念，强调当接受道德引导和价值观教育的主体获得一种愉悦感或者美感的时候，思想政治教育才不会那么高高在上，才能够真正吸引青年学生的注意力，让学生在愉悦、轻松的体验中逐渐感受美好，热爱生活，追求高尚，逐渐养成一种高尚的人格和正确的价值取向，进而积极塑造自身的高尚行为。这种德育美学观也得到了国内学界的广泛响应。基于美育的独特功能，它能够在一定程度上弥合德育的限度，并且通过以情动人的方式帮助德育实现其目标，这也构成了美育维度高校思想政治教育的理论基础。

一 美育与德育的各自特点

德育美学观的理论基础是审美价值理论，但和审美价值论相比，德育美学观却进一步阐释了德育和美育之间的内在联系。审美价值论主要立足于自身的时代背景，系统地阐明了审美与价值之间的关系，一方面分析了二者之间的区别，另一方面又证明了二者之间具有融通之处。而德育美学观则在审美价值论的基础上更为清晰而系统地分析了美育和德育之间的差异与联系，为美育维度高校思想政治教育的实践提供了重要理论前提。

首先需要明确的一点是，美育和德育之间在目标、性质、切入点和实施方式等方面均有显著不同。美育的目标在于美学知识的传授、审美能力的培育以及审美素养的提升，美育的实施有利于满足学生的成长性需要。德育的目标则是引导学生去接受社会规范和公序良俗对自身行为的约束，属于规范性教育的范畴。从切入点来看，美育更加关注个体层面的身心特征、个体需要以及情绪状态等，更具人文关怀特质；德育则以集体的规范行为作为切入点，主张个体行为之间的整齐划一和规范统一，是对于人的行为的规范化教育，有助于学生的社会化。就实施方式而言，美育强调润物细无声，通过情感上的融通和体验上的共鸣去影响人、塑造人、启发人，帮助人们形成一种审美判断，辨识出崇高美的独特之处，主动追求美好生活和高尚情操；德育则严格依据社会规范、道德习俗以及社会价值观念去教化人，将社会规范内化为人的自我控制，以防止违法行为和越轨行为的出现。由于德育和美育在上述方面具有显著的区别，所以二者承担各自的分工，从不同的层面对学习者进行教育，共同促进人的全面发展。

二 美育和德育的融通之处

美育和德育之间具有融通之处。一方面，二者都具有价值指向性，另一方面，无论是审美活动，还是道德行为，均统一于人的实践。

美育虽然通过一种润物细无声的渐进方式去影响人、塑造人，但是美育本身依然带有价值指向。一个突出的表现就是不同的人在欣赏同一部艺术作品或者解读同一个艺术形象的时候，总会表现出不同的价值判断。例如，人们在阅读经典作品《红楼梦》的时候会对王熙凤这一形象有截然不同的解读。一些人会成为标题党，仅仅关注"王熙凤毒设相思局""酸凤姐大闹宁国府"等标题，并将王熙凤解读为心狠手辣、性格泼辣的贵族女性，进而忽视这一艺术形象所呈现出来的美感。而另一些人则会通过对文本的深入分析来理解这个形象，通过协理宁国府、支持大观园中海棠诗社的建立以及对女儿巧姐儿无私的奉献等细节发现王熙凤这一年轻女性的智慧与果断，进而理解这一艺术形象的美之所在，这个形象展现出一种刚柔并济的女性之美。尽管这些不同的解读也会受到人们阅读程度和知识水平的制约，但不可否认的是，人们之所以对这个形象有所争议，恰恰是因为每个人都会根据自身的生活经验和社会价值观念进行判断。正如著名哲学家孙正聿先生所说，"每个时代的人对美的发现，都是以该时代的人所继承下来的历史文化为前提的……人既在历史中接受，又在历史中更新理解的方式，从而实现了理解方式的更新，即历史的发展"①。由此我们可以了解，美育所包含的价值判断往往建立在审美主体阅读体验的基础

---

① 孙正聿：《哲学通论》，复旦大学出版社 2005 年版，第 184 页

之上，这种价值判断在欣赏作品的过程中渐渐形成，与此同时又具有较大的个体间差异。德育所包含的价值判断则更为直接，道德行为主体往往会根据社会价值规范或教育者的教化对社会现象、社会行为以及社会思潮作出判断，这种价值判断具有个体间的高度相似性。例如，多数人都对炫富、网络暴力、拜金主义以及功利主义等偏差社会行为或不良社会思潮持一种批判的态度，这种判断的进行迅速而直接。

美育和德育的另一个融通之处在于二者统一于人类实践。无论是审美活动，还是道德行为，其实施不能仅停留在理论层面，教育者需要通过一定的行动对教育对象施加影响。这种影响可能是潜移默化的方式，如诱导、欣赏、共情等，也可能是更为直接的方式，如教化、约束和规范等，这些活动都属于实践范畴。正是由于德育和美育的融通之处，它们都可以被看作思想政治教育工作的重要组成部分，服务于共同的育人目标。此外，美育还能够弥补德育自身所存在的限度。如前所述，正是由于美育在目标、性质、切入点以及实施手段等方面具有不同于德育的独特之处，而且美育和德育之间也具有融通之处，所以美育在一定程度上契合德育的目标，并弥补德育自身所存在的限度。正因如此，美育维度高校思想政治教育才具有无可替代的价值和功能。

德育美学观所强调的美育和德育之间的融通之处，一方面表现为美育在感性经验和教育理念层面对德育的弥合，另一方面则强调思想政治教育本身就具有审美价值，这是美育维度思想政治教育实施的合理性基础。一些学者从学理层面分析了高校思想政治教育自身所具备的审美意蕴。例如，周芳（2012）教授指出思想政治教育本身就强调人具有追求优美和崇高的本性，这也从另一个侧面证明了美育维度思想政治教育实施的可行性。周芳认为，思想政治教育的优美主要体现在三个方面，即教育管理的协调性、教育过程中各个要素的有序性以及教育的有效性，这三个方面符合人们在生活世界中对和谐、有序、均衡等审美元素的追求。第一，教育管理的协调性体现了人们在宏观层面对优美的理解，这是对思想政治教育的整体统筹和规划，这种统筹和规划按照教育教学规律有序进行，需要做到教育理念、教育目标以及教学规律等方面的协调一致。第二，教育过程中各个要素的有序性体现了教育过程中各个主体之间的和谐共奏。教育者、被教育者以及教育情境三者之间相互影响，共同促进了教育教学的顺利实施。在这个过程中，教育者和被教育者共享教育情境，教育者在和谐的校园文化中培育着学生的审美素养，相应地学生也能够在和谐的氛围中不断获得美感。第三，教育的有效性并不是指标或数据的量化，而是教育者和学生双向度的质的飞跃。一方面，教育者所获得的来自学生的认同，有助于自身与外部世界的协调；另一方面，学生所得到的来自教育者的肯定或鼓励，有助于他们获得身心的愉悦，从而形成一种和谐、健康、积极的师生关系，并塑造良好的教育情境和校园文化氛围，这就在教育者、学生和教育情境之间形成了和谐之美。思想政治教育的另一审美属性则体现在对崇高的追求上。一直以来，崇高体现了人们对自身限度的超越，崇高并不仅仅是一个抽象的概念，它可以体现在生活中的具体行为上，也能够出现在被人们广为传颂的经典艺术作品中，这些也形成了思想政治教育的鲜明素材。在日常生活中，我们可以看到崇高行为的具体表现。例如，科学家为了实现国家的繁荣富强艰苦奋斗，攻克难关；医护人员为了守护人民群众的健康奋不顾身，坚守岗位；还有那些普通人在平凡的岗位上尽职尽责，忠于职守。这些崇高的行为让我们看到了人性之美。也有一些崇高的人物形象出现在优秀的艺术作品之中。例如，在优秀国产电视剧《人世间》中人们会感动于平凡父母对子女的无私奉献，而在小说《青春之歌》中人们则会为爱国青年不断追求共产主义理想的坚强意志所振奋。这些作品之所以广为传颂，是因为这些典型人物在人们心中留下了"崇高"的印象。无论是普通的父母，还是坚强的爱国青年，他们都具备无私、善良、勤勉、热情、朴实、坚强、勇敢等高尚的人格特质，所以他们不会被平凡的生活所消磨，不会在困难的环境中屈服，甚至随着时间的流逝依然坚持着最初的理想，他们以自身独有的方式让我们看到了崇高之美。那么，高校思想政治教育的重要目标则是培育当代大学生的理想信念，进而帮助学生把握崇高之美。具体来看，就是"从曲折的民族斗争历程中汲取志士仁人的斗争精神，从中国革命和建设的历史中精选的真善美的典型人物身上学习他们的崇高品质，让历史穿越时空回归现实，让崇高精神品格成为不朽，使人精神振奋、斗志昂扬，发挥思想政治教育在社会建设中的保障作用"①。正是由于对崇高之美的追求，高校思想政治教育在理念层面得到了升华，在向学生传授知识的同时，也让他们获得了更高的使命感。与此同时，通过思想政治教育的实施，越来越多的人能够提升自身的精神境界，树立高尚的理想和积极的信念，以更加昂扬的精神风貌和健康的心态对待学业、工作和生活。正是由于思想政治教育自身对优美和崇高的追求，才能够让美育有效融入德育之中，为美育维度高校思想政治教育提供了坚实的理论基础。

---

① 周芳：《思想政治教育审美研究》，人民出版社 2012 年版，第 49 页。

三 发挥"以美促德"的功能

正是由于美育能够弥合德育的限度，从这个意义上看，一些学者认为美育的功能并不局限于它的直接功能和间接功能，除此之外还具有一种"超美育"的功能，这种观点以檀传宝（2002）先生为代表。檀先生认为，一直以来，人们更为关注美育的直接目标和间接目标，但是对美育的"超美育"功能的认识却远远不够，实际上只有美育的三种功能同时发挥作用，它的价值才能够真正地得到体现。根据檀先生的相关阐释，美育的直接功能即"育美"功能，主要侧重技能的培养。但是立足于新时代的理论视野和现实状况，仅仅进行技能的培养还远远不够，仅靠这些还无法实现对心灵的浸润和涤荡。美育的间接功能则是一种潜在的功能，即能够不断地完善并强化智育、德育，甚至是体育的教学效果。例如，高校的人文学科教学以养成思维能力和理解能力等智育目标为导向，借助欣赏经典影片中的片段作为教学手段，这主要是因为声音和画面更容易刺激学习者的视觉和听觉等感官，让他们更容易将抽象的信息具化为可经验的事物。一旦学生在观影过程中处于身心放松的愉悦状态，那么他们就会在无压力的情境中接受知识学习，进而强化学习的效果，激发出自身的学习热忱。但是我们在一般的课程教学中并不容易直接挖掘美育的这种间接功能，我们需要深入学习者的日常生活行为之中去渐渐感受这种变化。关于美育的"超美育"功能，则是相对于既有美育功能而言的。

根据檀先生的论述，"超美育"之"超"主要体现在以下几个方面。第一，审美教育往往具有超越一般学科的理论视野，它往往会打破学科之间的界限，也会破除既定观念的偏见，以开放包容的态度去吸收各个学科的理论成果，打开眼界，放开胸怀。第二，审美教育关注的并非学习者在某一时间段的学习效果，而是人们人生价值的提升和内在素养的持续培育，从这个意义上看，美育能够体现出浓浓的人文关怀；第三，审美教育作为一种素质教育，关注的是全体社会成员，而不是某一些领域的精英或专业人士，因此并不会人为地区分"优等生"或"中等生"，这能够大大激励教育对象的学习热情，从而鼓励更多的人积极主动地接受美育对自身性情的陶冶。只有全方位地认识美育的功能，我们才能够更加深刻地理解美育在育人过程中的作用机制，也只有不断挖掘美育的功能，我们才能找出美育同德育之间的契合点，进而让美育更好地服务于当前高校思想政治教育工作，为实现立德树人的目标作出应有的贡献。

根据德育美学观的主张，美育维度高校思想政治教育在育美的同时也在育德，让广大青年学生不仅成为具有审美品味的人，而且也成为具有高尚道德的人，从"善"和"美"两个方面逐渐达到一种"尽善尽美"的人生境界。但需要指出的是，美育维度高校思想政治教育在育美的同时育德，来达到培养情操的目的，这与完全的道德教育还是不同的。虽然德育也经常借助艺术达到使受教育者道德高尚的目的，但艺术在这里只是手段，伦理教化和道德说教才是目的。而在美育思维的引导下，虽然辅之以育德，但是审美活动在这里并不是工具性的手段而是一种重要的教育目标。不仅如此，高尚的道德融入审美活动之中，又能让人在心灵受到震撼和情感得以满足的同时，提高道德水平。从这个意义上来看，美育维度高校思想政治教育真正能够实现"善"和"美"的统一。对于学生来说，在培育道德情操的同时也实现了情感方面的满足，这一方面规范了学生的行为，另一方面又激发了学生内心深处的情感。由于这种育德是渗透于审美之中的，所以也就丰富了德育的途径，让教育策略变得更加灵活，同时也为教育者和学习者提供了更加丰富的资源。然而，这种育德是情之所至，已经成为情操的一部分，其结果显然也更具有持久力，以更加深沉隽永的方式涤荡心灵，提升品味，这就又类似于康德的"无目的的合目的性"。

艺术品既然是艺术家的作品，那么在讲解艺术作品的时候，就必然要讲解艺术家的个人经历。选择一些道德感较强的艺术家进行讲述，不但可以帮助学生更好地理解作品，而且还可以对高尚行为的培养发挥重要作用。譬如在讲授《过零丁洋》或《正气歌》等诗歌时，讲述一下文天祥的身世、遭遇，不仅有助于欣赏文天祥的诗歌，而且有利于培养学生的情操和高尚的道德行为。在欣赏肖邦的音乐时，教师则需要讲一下历史上的波兰所发生过的重大事件和肖邦的爱国之情，这对于欣赏肖邦的音乐和培养学生的情操也都有积极的作用。而贝多芬音乐的力度，显然与贝多芬倔强的个性和刚直不阿的品格有关。如果学生在欣赏经典佳作的时候代入文学家或艺术家的生活经历，那么就会引发更深层次的情感共鸣，这种情感的迸发真挚而热烈，不仅激励着学生的学习热情，而且也激发出强烈的道德情怀，这也正是美育所带来的宝贵体验。从这个意义上看，美育虽然以情动人，但也可以通过更具人文关怀的方式讲述深刻的道理，将"情"的真挚和"理"的深刻融通起来，逐渐引导学生成为善良、美好、真挚的人。

由此可见，若要真正发挥美育在高校思想政治教育实践教学中的作用，我们有必要对其理论基础进行更为深入的探索。马克思主义理论对人的全面发展进行了系统的论证，为美育的发展提供了重要的哲学依据；审美价值论则从价值层面对审美和价值之间的关联进行了具体的分析，为美育提供了价值前提；德育美学观则进一步从教育理念的层面阐释了美育和德育之间的内在关联，一方面分析了美育的独特功能，体现出美育的不可取代，另一方面则论述了美育和德育之间的融通之处，从教育理念层面探索出美育维度高校思想政治教育的另一理论参照。

第三章　美育维度高校思想政治教育的空间构成

正是由于美育的发展有着悠久的历史，且具有极为丰富的理论基础和深刻的价值前提，我们把审美教育引入高校思想政治教育的时候必须认真考量其构成要素，真正实现美育的价值和功能。具体来看，从事美育研究的学者以及实施美育的教师都应该具备丰富的知识储备、良好的审美能力、较完善的审美素养、坚定的政治立场以及较为生动的审美话语表达，唯有如此，才能保证和美育相关的科研和教学工作能够顺利进行，让审美教育深入人心。不仅如此，美育维度的高校思想政治教育若要真正发挥其育人功能，不仅需要高等教育工作者努力钻研、勤奋教学，与此同时，作为教育对象的高校学生也要努力地进行知识学习、能力培养和素质提升以形成完善的人格，满足自身在审美方面的需要，真正实现人的全面发展。由此可见，在高校思想政治教育中融入美育的方法和手段，就是一个师生之间默契配合、相互理解、情感融通的教育过程，但这个过程并非一蹴而就，目标的达成需要师生共同遵循教学规律和审美原则。只有高校教师和青年学生共同努力，相互促进，审美教育本身才会有一个质的飞跃。在此过程中，美育能够形成一套科学的课程体系，高效地实现知识学习、能力培养和素养提升，建构出一种适合当前时代发展的审美关系，同时也能够形成一套合理的评价标准去测试人们的审美素养和审美能力。

第一节　美育教师的审美条件

美育维度的引入是当代高校思想政治教育工作的一项重大创新，科研工作者和教育者是这项工作的主要实践者和探索者，他们的知识、能力和素养在很大程度上决定了此项工作的质量和影响。作为美育实施者和实践者的教师必须具有较强的知识储备、良好的审美能力、较为完善的审美素养以及较为生动的审美话语表达，以保证美育相关的科研和教学工作能够顺利展开，让审美教育深入人心。

一　丰富的知识储备

如前所述，中西美育的发展都经历了数千年的历史，与之相关的知识也浩如烟海，可以说每一个阶段都有杰出的代表人物。这就在知识储备方面对教育者和相关的科研工作者提出了极高的要求，他们不仅要懂得美学相关的基本概念、基本理论、研究对象，还要熟知美学发展不同阶段的代表人物，而且由于审美教育的特殊性，美育的实施者还要广泛涉猎那些与美学相关的知识。例如，哲学、文学、社会学以及心理学等方面的知识储备都有助于深化教师的理论素养，进而拓展审美教育的理论视野。

（一）美学的基本范畴和基本理论

教育者必须具备扎实的基础知识和良好的理论功底，才能够胜任美学课程的教学，越是基础性的范畴和理论越要准确掌握，否则会直接影响授课效果和学习者对课程的接受程度。同样地，相关科研工作者也要精准地运用这些基本美学范畴和基本理论，以保证相关研究的科学性。

美育中所涉及的审美范畴除了那些美学原理中的概念，如美、丑、审美意向、审美主体、喜剧、悲剧等，也有一些关键性概念对于我们理解中西文化具有重要的意义，因此从事美育的教师有必要保持阅读的习惯，在理解概念的同时也要厘清概念之间的关系。若要了解西方美学史必须对西方文化有一个整体的把握。叶朗先生在谈到西方文化的时候，指出"优美"和"崇高"是西方文化中的两种风格，例如，人们曾经将拉斐尔的画作和莫扎特的经典音乐看作"优美"的典型。正是由于美学范畴的时代性和文化属性，教育者所掌握的范畴不仅仅是一个又一个抽象而空洞的概念，而是要在文化发展史中发现这些范畴的原始意义和引申意义，以及它们在历史发展中所描述的具体意象。唯有在具体的文化语境中理解和诠释这些范畴，教师才能够保证美育课程的生动性和时代性，基于学生真正的审美体验，避免美育成为美学知识的单向度讲授。叶朗先生也概括了中国文化中的几个重要美学范畴，包括"意境""飘逸"和"空灵"等，这与传统文化的影响息息相关。例如，《易传》的"立象以尽意""观物取象"的命题，汉代的"形神论"、魏晋南北朝的"得意忘象""澄怀味象"的说法，直到唐五代"意境说"的诞生，都有内在的关联。唐朝是我国古代封建社会的繁荣时期，也是古典艺术最辉煌灿烂的时代，唐楷和唐诗都标呈千古，具有独特的艺术风格。"意境说"的产生与艺术的比较成熟的阶段相适应。唐朝刘禹锡提出"境生于象外"，叶朗认为，这可以看作对"意境"这个范畴的最简单的规定。"境"是对于在时间和空间上的"象"的突破。"境"当然也是"象"，但它在时间和空间上都趋向于无限的"象"，也就是中国古代艺术家常说的"象外之象""景外之景"。"意境"的"意"不是一般的"意"而是"道"的体现。所谓"意境"就是在感性的（形而下的）日常生活和生命现象中，直接呈现出某种形而上的意味。这是意境不同于一般艺术的特点。① 叶朗认为，"境"作为美学范畴，最早出现于王昌龄的《诗格》中。例如"放安神思，心偶照境，率然而生""搜求于象，心入于境，神会于物，因心而得"② 等。这里讲到意境形成的两种方式。第一种，先有"神思"，即主体对自然、社会、人生的体验，艺术的构思、想象等，偶然遇到一件事情，突发灵感，获得"意境"，这里的"意境"即"神思"与"境"的结合，"境"能体现"神思"，"神思"赖于"境"的寄托；第二种，对"象"的反复观照思索，用心去体悟，用"象"去领会，从而得到"意境"。前一种类似于"比"，后一种类似于"兴"。叶先生也认为，"飘逸"可以看作道家精神境界的象征，表现为一种特殊的生活形态。就此而言，飘逸的状态也需要意境的营造，中国文化中的美学范畴彼此也是相互联系的。飘逸作为一种生活状态，它别致清雅，又轻松自在。在后来的历史发展中，各个流派都对这种生活状态进行了不同程度的描述，其中以道家学派的阐释最为典型。作为道家文化的代表人物，庄子"以天下为沉浊"，"上与造物者游，而下与外死生无终始者为友"，上述论断极为具体地呈现出这种"逸"的生活态度。对这样一种生活态度，庄子不仅形成了独立的学说，而且将这种态度融入自己的生活之中。庄子这种风格追随者众多。魏晋时期，学者们开始崇尚庄子的道家学

① 叶朗：《胸中之竹》，安徽教育出版社1998年版，第55页。
② 叶朗：《中国美学史大纲》，上海人民出版社1985年版，第267页。

说，人们都坚持一种洒脱自然的生活态度，主张将自己的生活从凡尘俗世之中剥离，超脱世俗的事物，可以说魏晋时期"逸"不仅仅是一种学术上的主张，也并不限于精神世界领域，而且渐渐成为普通人的一种生活方式。这种生活态度和精神境界，渗透到审美活动中，又成为一种崭新的艺术风格。在唐代李白的身上，凝结成了一种体现道家"游"的文化内涵，无论是《将进酒》等诗文，还是他本人的生活经历，都是"飘逸"的体现。此后的历史发展中，这种逍遥、清新、飘逸、脱俗扩展至各个文化领域中，作为一种审美取向被人们所接受。例如，古典文学作品《红楼梦》，作者借用妙玉之口赞叹："文还是庄子的好！"行文之中，我们也可以看到这种风格。在作品中，林黛玉、香菱、妙玉等超凡脱俗的艺术形象极具高洁、雅致的审美意蕴，体现出一种飘逸空灵之美。

时至今日，中国美学中的风格在各类文学作品中依然可见，其形式也更加喜闻乐见。一些流行音乐中包含着"飘逸"的古风元素，体现了洒脱、自由、乐观的生活状态，在青少年群体中广为流传，既陶冶了性情，也弘扬了传统文化的精髓，体现出意气风发的美感。此外，在一些影视作品中也塑造了一个又一个高洁正直的艺术形象，他们中有不畏艰险、勇攀高峰的科学家，也有坚守平凡岗位的普通劳动者，无论从事何种工作，他们都淡泊名利，不忘初心，这些形象所呈现出来的"淡然""磊落""坚毅"都是优秀传统文化的具体表现。实际上，一部具有审美价值的文艺作品恰恰也实现了传统与现代的视域融合，更体现出传统文化的当代意蕴。

在深刻理解美学基本范畴的基础上，我们要进一步灵活运用并生动诠释美学原理，这需要长期的知识积累和丰富的教学经验。就思想政治教育来说，美学理论的基本立场是马克思主义美学观，教育者基于这样的价值立场去反思中西文化中的美学理论。作为哲学学科的重要分支，美学理论包括元哲学问题，也包括中西美学史上出现过的重要争论。对理论的讲解同样需要依托中西文化语境或借助鲜活的具体案例。

（二）对于美学发展史的深刻理解

对美学发展史的追溯，不仅要依照时间线索，更要遵循内在的逻辑发展规律，这一点对于教育者和科研工作者都非常重要。美学发展史是哲学史和思想史的重要组成部分，美学理论正是脱胎于丰富的人类思想宝库。对于思政教师来说，不仅需要保持一种谦虚谨慎的态度，而且也要形成一种科学的思维方式。这也就意味着，教师进行美学史讲解的时候要破除自己原有的一些偏见，对不同阶段所出现的重要思潮和代表人物进行反复的学习，以保证自身对于美学发展历史获得更加深刻的理解。例如，德国历史哲学家、诠释学代表人物伽达默尔指出，每个人心中的历史都是一种"效果历史"，这是因为生活经验和人们置身其中的文化传统决定着每个人看待历史事件时的"视域"。就此而言，当我们去学习美学史的时候势必会带有一种主观性的预设。

这种预设具有双重效应。一方面，正是由于我们受到某种文化传统的影响，我们在理解美学思潮或人物主张的时候会置身于文化背景对其进行深刻的理解；但另一方面，一旦我们的生活经验或文化背景和历史中出现的人物截然不同，那么我们的理解就有可能成为偏见。例如，关于尼采"酒神精神"的理解，一个受到严格逻辑思维训练的人可能会将其理解为迷惑的理论，无法真正认同尼采的非理性主义倾向，但是那些长期受艺术熏陶的人则会理解尼采美学思想的真正内涵，并明确其学术史意义，将其看作一种独具特色的理论。作为美育实施的主体，教师对美学史的钻研并不同于一般的读者，他们不仅需要理解文本，同时也要对文本进行准确、通俗地诠释，在这种情况下何种态度才是正确的？这并不是一个容易解决的问题。盲目的价值中立，或过于主观的偏见都会导致错误的理解或不恰当的解释。一方面，教师在阅读文本的时候，尤其涉及阶段划分、流派特点以及代表人物等客观性的内容的时候，要充分尊重文本，保持一种中立的态度；另一方面，教师在对各类思潮进行评价或引导学生的时候，则要坚持社会主义办学方向，坚持社会主义核心价值观，牢记立德树人的教育目标，唯有如此，才能真正实现美育的育人价值。

（三）与此相关的其他学科的知识

2018 年 8 月，习近平总书记在给中央美术学院老教授的回信中指出，加强美育工作十分有必要，要做好新时代美育工作，让祖国青年一代的身心都健康成长。对于这一要求，国务院学位委员会艺术学理论学科评议组召集人、中国文艺评论家协会副主席王一川指出，"美育学科建设是加强美育的基础性工作和迫切任务。加强美育学科建设，是构建具有中国特色美育理论的需要，是培养美育理论和实践优秀人才的需要，是培育德智体美劳全面发展的社会主义建设者和接班人的需要。在习近平总书记回信两周年之际，我们特邀有关专家、学者提出建议，以期推进美育学科建设"①。

在我们生活的这个时代，在人们追求美好生活的过程中，审美注

---

① 王一川：《美育需要跨学科性质的美育学科》，《中国教育报》2020 年 9 月 1 日第 8 版。

定成为一个重要的高层次需求。王一川指出，美育本身作为一种重要的素质教育，并不是孤立存在的，而是一个带有跨学科、跨媒介、跨门类和跨行业等特点的专门行业，而这种专门行业需要培育专门人才来承担行业职责，故美育的学科建设需要加强。只有这样，我们才能够建设一套高质量且行之有效的美育课程体系，探索出适合人才培养的教学方法和教学手段，从而保证我们能够培养出高质量的全面发展的人才。

这里还需要说明的一个问题就是，美育与艺术教育是两个完全不同的概念。从学术研究视角来看，如果研究者对这两个概念无法加以区分，那么日常生活审美就会缺少理论基础。从教育教学层面来说，教师如果无法准确地区分艺术教育和美育，那么就很容易在实践中把美育变成曲高和寡的艺术教育，以致在实施美育的过程中缺少生活性和趣味性，无法保证美育教学效果。就此而言，美育之所以能够成为一个独立的概念，恰恰在于它是艺术教育所无法取代的。我们并不否认美育同艺术教育之间所具有的天然内在的联系。就相同之处来说，无论是美育，还是艺术教育，二者同样都是培养人、完善人格的教育方式。不仅如此，美育和艺术教育从教学方法上也都会运用感性的媒介及形式去唤起大学生的审美体验并对其产生情感上的共鸣及思维方面的启迪，体现出以情动人的特征。正是这样的共通性或相同性，使得美育和艺术教育能够区别于德育、智育、体育和劳动教育。此外，美育的一个重要目标是大学生艺术修养的提升，因此美育的实施需要以艺术作品为载体，尤其是那些在历史发展过程中能引起人们共鸣的经典佳作。

但是美育与艺术教育之间的不同之处，我们更需要加以区分，以此来凸显审美教育的特殊价值。艺术教育，其根本目的是通过某一种或某几种不同类型的艺术创作或者作品鉴赏让人们获取相应的艺术体验，涵养艺术知识或从事艺术学思，艺术教育相对而言较为小众，对实施对象的艺术素养要求较高。与此不同，美育的实施对象更为广泛，美育涉及了美的多种类型，包括社会美、自然美、艺术美甚至通俗美，多样化的审美形态能够令受教育者获得一种审美体验，进而产生情感的共鸣或心灵的陶冶。由此可见，美育与艺术教育之间的不同主要表现为美育总是以审美活动为主要途径而让实施对象产生情感方面的共鸣或者心灵层面的改变。艺术教育通常则会停留于艺术体验、艺术知识或艺术学思等层次，而并不必然指向个体的以审美为导向的层面，但美育却力求从审美感发层次升华到信仰或灵魂感动境界。蔡元培先生之所以提出"以美育代宗教"的命题，主要原因有二。一方面，他看到在那个时代，全球化境遇中的现代人在信仰层面的严重缺失；另一方面从传承古典"诗教""风教"等传统，看到现代审美教育在塑造人的高尚品格、净化人的心灵以及培育崇高品位等方面具有不可估量的价值。因此，蔡元培先生大力倡导和推进审美教育，最主要的目的就是要通过审美体验的手段去解决现代社会中的问题，但由于时代的局限性，虽然蔡元培先生提出了具有划时代意义的命题，却无法找到较为具体的策略和实施路径。

随着科技的发展，高效的信息传播平台和发达的数据运营手段能够为美育的实施提供有效的路径。具体来看，多样化的审美与艺术表现手段、人性化的教育方式以及高素质的师资队伍都是美育在高校中广泛实施的重要条件。与此同时，美育在全社会的普及也具备了一些重要条件，那就是时代精神的发展。科技的进步、生活的便利、物质的丰富，让我们这个时代充满了朝气。全球化时代、互联网时代、大数据时代、融媒体时代、人工智能时代等，彰显着时代的发展和社会的进步，正因如此，人们的追求并没有停留在物质层面，审美需求成为精神生活不可缺少的组成部分。这样的时代背景赋予了美育更加重要的价值。时至今日，审美教育已经成为国家教育方针、人才战略及文化战略的重要组成部分，美育的地位发生了重大的变化，它已经从20世纪初的专业教育和业余兴趣教育转变为一种具有大致确定范围的交叉性文化教育类行业。这里需要指出的一点是，虽然美育是一种素质教育和发展性教育，美育的对象也朝着大众化的方向发展，但是美育的实施必须向着专业化的方向发展。唯有如此，才会有越来越多的人意识到美育的价值，进而推动美育的现代化发展。

也正由于美育已成为专门行业并需要培育专门人才，美育学科问题就更需要认真考虑。美育维度的高校思想政治教育，一方面以美育的视角融通了各个学科的优势与特色，另一方面则发挥了传统思想政治教育的功能，把握价值导向和政治方向，让高等教育立德树人的目标得以实现。美育的引入，也为当代的高校思想政治教育改革创新工作提供了一个全新的视角，这不仅让高校思想政治教育课程具有了"以情动人"的特质，而且也在很大程度上进一步提升了美育的地位，让更多的教师和学生能够在美育中体验艺术的魅力，感受传统文化的熏陶。若要让美育在立德树人的过程中发挥重要的功能，高校教师必须具备较高的美学素养和审美能力，这是提升大学生文化素养和审美能力的一个重要前提。

二　独特的审美能力

审美能力对于教育者来说至关重要，这决定着人才培养的质量。正如周芳教授提到的那样，"思想政治教育者审美能力的提高，根本目的在于促进人的审美发展，并通过人的审美发展而推进个体的全面发展，进而达到个体与个体、自然社会的和谐完美的发展"①。由此可见，是否具备审美能力，不仅关乎教育者自身能否完成教学任务，而且也关系着人的全面发展的实现。高校思想政治教育工作者要对大学生进行能力培养，自身必须具备较为完善的审美能力。但就目前美育开展的状况而言，很多思想政治教育教师并没有接受过系统的审美教育，以至美育课程很多时候都专注于美学知识的学习这一单一目标。若要改善这种状况，审美教育的实施者面临着十分艰巨的任务，他们需要一边进行教学实践，一边通过各种渠道提升自身的审美能力。那么我们应如何界定审美能力？审美能力并不是一个抽象的概念，一般来说，学界普遍认为审美能力由审美感受力、审美鉴赏力和审美创造力构成。和美学知识的储备相比，审美能力的提升更需要不断地积累和实践，更需要审美主体不断地深入生活之中，在平凡中感受美、欣赏美，并不断地去创造美。

（一）审美感受力

审美感受力是人的审美感官对审美对象进行感知的能力。在美育维度的高校思想政治教育中，审美对象包含的范围极为丰富，既包括那些历史上广为传颂的经典艺术作品，也包括生活中的普通物件，甚至还包括普通人的那些感人行为。可以说，生活中到处都是审美对象，它们等待着审美主体去感知和体验。然而很多时候，我们会发现这样一个问题，生活中虽然不缺少美，却缺少那双发现美的眼睛，缺少感知美的心灵，缺少创造美的热情。例如，我们身边那些普通的劳动者，他们认真地生活，努力地工作，虽然样貌普通却气度不凡，总

---

① 周芳：《思想政治教育审美研究》，人民出版社 2012 年版，第 123 页。

是保持着良好的精神风貌和积极健康的心态，通过自己的辛勤劳动创造着幸福美好的生活。这样的生活场景随处可见，透露着人性美和心灵美的光辉。然而，这样一种朴实的美却并不是每个人都能欣赏的，一些人对美的理解过于狭隘，将美和"漂亮""网红脸""苗条身材""美妆博主""时尚服饰""精美家装"等关键词直接等同。可以说，新媒体时代的确带来了前所未有的感官享受，人们通过各类信息平台可以看到更多漂亮的明星、流量博主、时尚穿搭和秀丽风景，但是如果人们不去拓展自己的知识视野和心灵感知能力，那么就会导致审美的异化，一旦人们只能看到外观的漂亮与精致，必然会错过那些真正美好的事物和高尚的行为，同时忽略自然美、风度美、人性美和艺术美等美的类型。美育维度的引入，让思想政治教育者能够真正挖掘自身和学生的审美感受力，避免那种对真正美好事物、美好行为视而不见的遗憾。思想政治教育工作者在实施美育的时候能够意识到，如果审美主体没有形成审美感受力，就无法把握美的本质，感知美的存在，甚至无法及时发现美的元素。这里必须明确的一个问题是，在引入美育维度的时候，教育者应该凭借自身的审美感受力去捕捉那些真正的美，而不是被误解的美。唯有如此，高校思想政治教育在实施美育的时候才能够引导学生形成审美感受力，引导学生在日常生活中逐渐形成对自然美、人性美、社会美和艺术美的热爱，培养和提高他们在日常事物和自然环境中发现美、认识美、感知美的感受力。正如周芳教授所言，"审美感受力的高低，是以其敏锐程度为标志的。一个具有敏锐的审美感受力的人，能对美的对象迅速捕捉并生出情感反应。反之，尽管美的事物呈现在眼前也会视而不见"[1]。这里所提及的

---

[1]　周芳：《思想政治教育审美研究》，人民出版社 2012 年版，第 118 页。

情感反应正是由于感受力的提升所形成的，美育维度的高校思想政治教育，关注的焦点恰恰是学生对生活的情感反应，尤其是培养他们对日常事物的关注，对社会中平凡劳动者的尊敬以及对身边普通人的关爱等，在这个过程中，学生能够从平凡中感知美和创造美。虽然并不是每一位接受美育的人都能够变成达·芬奇、贝多芬这样的艺术大师，但是他们都有机会成为生活的艺术家，通过审美感受力的提升去体验更加美好的生活。

（二）审美鉴赏力

审美鉴赏力，也叫艺术鉴赏力，形成于审美主体在艺术欣赏与创造的过程之中，是审美主体认识美和评价美的能力，包含着价值判断。在审美教育中，审美鉴赏力是一种较为高端的核心能力，甚至可以说教育者审美鉴赏力的高低在很大程度上影响着人才培养的质量。和审美感受力相比，审美鉴赏力是更高层次的审美能力。具体来看，审美鉴赏力主要包含审美理解力、判断力和想象力。

审美鉴赏力一方面受审美主体综合素养的影响，极具个性特征，另一方面又是一定历史时期、一定文化传统下的产物，呈现出一些共同特征，包括时代性、社会性和民族性等。作为美育实施的主体，思想政治教育教师本人必须是一个具有较高艺术鉴赏力的人，能够在诸多作品中区分出艺术造诣的高低，判断其质量的优劣。"艺术鉴赏力的提高，有助于以美的规律和美的理想去改变世界，创造和发展文明的、健康的、科学的生活方式。一个艺术鉴赏力高的人，非但一瞬间能够被美的事物所感动，而且能作出审美判断，指出美在何处"[①]。由

---

① 周芳：《思想政治教育审美研究》，人民出版社 2012 年版，第119页。

此可见，艺术鉴赏力虽然以审美感知力为基础，但又在此基础上对美和美的事物做出合理的判断，并从中概括出美的标准。需要指出的是，这种合理的判断不仅依赖于感知，而且也要建立在审美理解力的基础之上。周芳指出，审美理解力的水平，很多时候决定着整个艺术鉴赏力的质量。因此对于思想政治教育者来说，他们在提高审美能力的时候要尤其关注审美理解力的培养。那么如何在教学实践和生活经验中去培养这种审美理解力呢？首先，审美理解力的培养并不是一日之功，无法速成，这是一个日积月累的过程。对于新时代的思想政治教育工作者来说，他们大多拥有较高的学历，同时又出身于人文学科，这样的学习经历和学科素养也为审美理解力的培养提供了良好的条件，因为审美理解力的培养需要依托审美主体深厚的人文理论知识和良好的人文素养。其次，对于高校思想政治教育工作者来说，若要培养审美理解力，必须保持足够的敏感意识和真诚的生活态度。目前的高校思想政治教育工作者，以"80后""90后"的青年教师为主，他们大多对新事物持有包容的态度和积极的心态，同时也善于不断地学习，积极探索一些新的领域，并主动吸收各个领域的研究成果，积累人生经验，丰富人生阅历，这就为审美理解力的培养提供了良好的基础。和理解力相比，审美判断力则是基于审美理解的一种价值判断，也是连接真、善、美的桥梁。就审美判断的对象而言，审美判断并不是简单地判断对错，或者区别真假，而是主体对审美对象的审美特性及其相互联系进行分析、综合、品鉴进而做出审美评判的能力。如果说审美理解力直接决定着艺术鉴赏力的高低，那么审美判断力则制约着审美认识的程度，形成主体对事物的审美评价。就美育维度的高校思想政治教育来说，教师可以通过审美判断真正向学生呈现出其自身审美能力的高低，这是因为审美判断必须以艺术话语的形式表达出来。如果没有审美判断，那么教育者和学生之间则缺少审美能力培养的桥梁。对于教师来说，审美判断力的高低取决于两个因素，第一个因素是审美理解力的水平，第二个因素则是艺术话语的表达。可以说，拥有良好审美判断力的思政教育者，其课程具有较高的艺术性和趣味性，这种艺术性和趣味性往往在他的讲授中得以体现，谈吐优雅的人能够在极大程度上激发学生对审美教育的热情，提升思想政治教育的教学效果。

（三）审美创造力

审美创造力是最高层次且更为复杂的审美能力，主要是指审美主体按照美的规律表现与创造美的能力。虽然并不是每个人都能够成为达·芬奇、贝多芬那样的艺术大师，但只要以积极的态度去感受美、体验美，那么受教育者就会成为自己"生活的艺术家"。即便是生活的艺术家，也不能仅仅停留在感知和理解的基础上，还有更为重要的审美创造。在美育维度思想政治教育的实施过程中，教育者若要形成这种审美创造力必须具备两个条件，第一个条件是教育者能够掌握美的规律，追求和谐、有序、统一和协调；第二个条件则是教育者在实践中不断积累审美经验，培养自身的艺术造诣，不盲目跟随时尚潮流，在生活中创作出具有自身风格的作品。可以说审美创造力是审美主体在综合审美感知力和审美理解力的基础上，付诸积极的审美实践，它是教育者审美能力的综合体现。在审美创造中，教育者和学生都能够最大限度地发挥自身的智慧、经验、技巧和学识，共同追求美的事物，实现彼此之间在艺术境界中的交流和情感层面上的融通。

美育教师所具备的审美创造力并不等同于艺术创作能力，因为美育教师的主要职责是立德树人，而不是创作艺术作品。对于高校美育来说，教师优雅的气质、独到的见解、专业的态度、不凡的谈吐、渊博的知识、广博的见闻都能带给学生耳目一新的审美体验，不仅如此，教学理念的更新、刻板印象的消除、教学方法的创新也能够从不同的侧面体现出教师自身的创新意识，这些同样会让学生感受到审美创造力。例如，当教师讲解马克思对人的本质的理解时，不仅需要呈现出经典文本，而且也可以借助不同时代背景中的人物肖像，将逻辑思维的培养和形象思维的启发融合起来，一方面让学生感受马克思主义经典作品的思想深度，另一方面也能够让学生通过影音的方式切实体验到我们这个时代的繁荣发展和美好生活的弥足珍贵。这样的融合给学生带来的是认知水平的提升，是逻辑思维的强化，是家国情怀的再度升华。由此可见，美育情境中的审美创造力应该是一种具体的实践能力，这种能力在师生的互动中得以充分发挥，一方面强化了教师的综合素养，另一方面也激发了学生的学习乐趣。

在知识储备和能力培养的基础上，思想政治教育工作者能够形成良好的审美素养，不断提高自身在美育方面的胜任力，让美育能够更加契合新时代的高校思想政治教育工作。

三　多质的审美素养

审美素养是思政教育者审美知识和审美能力的综合运用，能够综合反映其美育的胜任力，审美素养的形成不仅需要更为综合和系统的训练，而且也需要更加投入的情感体验。正是由于审美素养的形成更加复杂，才更需要教育者在教学实践中不断地进行知识学习，利用一切学习机会持续地接受审美能力训练，坚持自我学习和学术交流，积累审美经验，发挥审美想象力，锻炼审美创造力，提升艺术品味，学会在生活中感受各种美的事物、现象和行为，把握美的本质。一些学者强调，作为美育教师，其主要素养应该包括"心灵美、风度美和语言美"①，这些都是教师的整体气质和精神风貌在美育情境中的具体呈现。

（一）心灵美

心灵美，也被称为精神美或内在美，这是美育教师最重要的一种审美素养，虽然心灵美属于精神世界，但也是一种社会美范畴。如果仅从字面理解，心灵美似乎是一个主观性极强的概念，很难将它具体化，然而如果我们判断一个人的心灵是美的，那么这个人总会通过他的行为、谈吐、神态等具体的形式表现出来，例如崇高的理想、不凡的智慧、完善的人格、高尚的品质、优雅的旨趣等。若要对心灵美的重要价值进行深刻的理解，首先要对"心灵"概念进行一个哲学层面的探讨。心灵，自古希腊开始就是哲人们的重要研究对象，被称为"奴斯"，这是一个和"逻各斯"截然不同的概念，它是一种主观理性，和人们的审美、道德、信仰等非理性的活动相关联。正是由于心灵的存在，人们才能够感知美，并沉浸在艺术体验之中，贡献出流传千古的艺术作品。苏格拉底曾经强调心灵的结构和外部客观世界同构，因此心灵能够认识外部世界中的客观规律。柏拉图在此基础上强调美的标准恰恰在于身心的和谐一致。在柏拉图看来，正是由于心灵的存在，人们才能够感知到哪些事物分有了"美"的理念。由此观之，自古希腊开始，人们就已经意识到心灵之美的重要性，这也就意味着外在美并没有被看作美的唯一标准。到了现代社会，心灵美超越

---

① 周芳:《思想政治教育审美研究》，人民出版社 2012 年版，第 130 页。

了身心和谐的个体主义倾向，开始被人们看作一种社会美，由于人们开始接受社会规范的引导和公序良俗的约束，关于美的标准和美的规律也呈现出一些共性特征。例如，人们都期待电影和文学作品中有一个美好的结局，因为这会让人感受到愉悦、快乐、和谐之美，这种体验之所以会有共通性，是因为人们都处于相同的社会情境之中，共同的生产方式和生活方式决定了他们接受一些相同的道德准则和文化习俗，对美的界定也具有相通性。美育维度的引入，对教师本人的审美素养具有较高的要求，仅仅进行知识传授显然不够，必须能够同理学生的审美取向或审美诉求，在恰当的时候给予指导，因此他们必须具备层次丰富的心灵美。就高校思想政治教育情境来说，教师的心灵美应该包括坚定的政治立场、良好的文化修养、深刻的思想、理性的思维方式、积极的同理心、高尚的品格、平和的心态、稳定的情绪、良好的自我控制力等。具备心灵美的教育者，能够真正在人才培养过程中从知、情、意三个方面给予学生无条件的积极关注，能够在教育中促进学生身、心双方面的健康成长，也能够真正理解人的全面发展的真正含义。可以说，心灵美是审美素养的核心，风度美和语言美都以心灵美的存在为前提。虽然心灵之美并不如外在美那样容易被感知出来，但是随着时间的流逝和交往的深入，心灵美的人会源源不断地展现出自身的魅力，无论岁月如何变迁，心灵之美都不会凋谢，反而会不断地提升。

（二）风度美

我们重视心灵美这种审美素养，但我们并不否认外在美的存在和价值，但这里的外在美并不等于外表美或颜值高，美育中的外在美表现为一种风度美，风度美是心灵美在外观上的具体呈现。风度美主要是指"人的容貌、形体、动作、举止言谈、修饰打扮、表情神态等所体现出来的一种美"①。风度美的呈现往往发端于心灵之美，我们常说"腹有诗书气自华"，就是在强调心灵美和风度美之间的协调一致。这里的风度美虽然是外在的表现，但我们并没有将风度简单地等同于颜值、身材或妆容，而是由内而外散发出来的气质。一个具有风度美的人，或气质优雅，或举止大方，或彬彬有礼，或态度谦和。例如，我们《红楼梦》里那些古典美的形象，她们并不仅仅是颜值高或身材苗条，我们的赞美是对于风度美的整体审美评价，她们的风度之美则来自心灵层面。黛玉之美，来自她清丽脱俗的气质和袅娜优雅的举止，这种美来自深层次的文化修养；探春之美，来自她大方豪迈的言谈举止，这种美源于她的精明通透；宝钗之美，则是由于她温柔谦和的态度，这种美来自渊博的学识。又如，我们阅读《三国演义》时会被诸葛亮和周瑜的魅力所折服，这种魅力同样也是风度美的体现。诸葛亮总是神态自若，这是谦谦君子的优雅气度，周瑜则总是目光炯炯，这是意气风发的豪迈自信。正是风度之美，让每个人的美都具有辨识度，类似"网红脸""A4腰"这样的同质性审美标准无法呈现出这种风度之美。对于美育教师来说，心灵美能够通过风度美充分体现出来，具有风度美的教育者能够真正让学生领略美育的魅力，通过优雅的教态学生能够感知教师良好的个人修养，透过流畅的语言能够看到教师的自信，通过得体的衣着和温和的目光能够感受到教师美好的心灵，通过优美的手势可以充分感受教师所传递出来的关爱。可以说，正是风度美让学生在课堂中获得最直接具体的美感，这种审美体验充分彰显了美育维度思想政治教育的魅力。教师若要修炼风度之美，最

---

① 周芳：《思想政治教育审美研究》，人民出版社 2012 年版，第 131 页。

重要的一点是文化修养的不断完善和审美经验的持续积累，以内在美的提升滋养风度之美。

（三）语言美

语言美也是心灵美的外在体现，语言本身不仅是沟通工具，也是人们建构自身认知的重要手段。结构主义语言学家将语言划分为内在语言逻辑结构和对话中呈现出来的话语，美育维度高校思想政治教育所追求的语言美包括了这两个方面。内在语言逻辑结构是语言的内容，体现了言语行为主体的思维能力和文化水平，是内在美的真正反映，如果缺少语言的流畅性和逻辑性，那么学生就会对一些知识和理论产生迷思，甚至误解，这无疑会让美育之"美"大打折扣。对话中出现的话语则是语言的形式，包括语气、语调、语词、会话风格、话轮转换等，这些都是气质、风度、举止等方面的直接反映。语言之美是内容和形式的统一，既包括清晰的逻辑结构，也包括舒适的语气、语调，独具特色的会话风格，得体的语词和话轮转换等。依然以《红楼梦》为例，小说中的经典对话比比皆是，让我们领略到古代名门淑女的语言之美。黛玉的话语俏皮幽默，反映出她的文思敏捷；宝钗的话语温和有礼，呈现出她的博学多才；探春的话语机敏犀利，反映出她的世事洞明。每个人在语气、语调、语词和会话风格方面都截然不同，但是都能够带来美的体验，这是由于她们尽管成长经历不同，但却都具备极高的文化修养和良好的风度气质，能够形成思路清晰、逻辑严密的语言结构。

对于高校思想政治教育工作者来说，语言美不仅是学识和风度的反映，也是专业精神的体现。周芳教授指出，语言美的基本标准包括"用语准确、合乎逻辑；语言文明、谈吐文雅；生动活泼、富于韵味；

言简意赅、清晰精到以及和气、文雅、谦逊、礼貌"①。语言的修炼更是一项长期的艺术，无论是教学语言、学术语言还是日常语言都具有情境性、社会性和时代性，都要求我们的话语表达关注会话者的身份和角色，语用本身也要符合社会准则和时代背景。只有不断地修炼心灵之美和风度之美，高校思想政治教育工作者才能够让自身的言语行为得体、专业、有礼，在传递信息和知识的同时展现出新时代高校思政教师的风貌和品格，提升思想政治教育的内在品质和人才培养质量。

　　既然语言具有如此重要的功能，而且语言美又受到心灵美和风度美的影响，那么作为高校思想政治教育工作者，我们在课堂教学情境或者社会生活中要如何进一步提升自身在审美话语方面的修养呢？首先，既然美育维度的思想政治教育旨在通过激发学生在情感层面的共鸣和心灵层面的愉悦感来启发学生的思考，那么授课教师在课堂上就不应该盲目地对学生进行全盘肯定或否定，否则无法达到渐进式的启发效果。例如，在课堂提问中学生如果没有给出教师期待的正确答案，那么这个时候教师也不应该使用"你的回答错误"或者"完全不对"这种否定式的话语，因为一旦学生的回答被否定就会产生一种失落感，进而丧失对课程本身的兴趣。教师在提问的时候可以尽量选择一些开放式的问题，吸引学生的注意力，让学生能够投入问题思考中，以保持积极回答问题的热情。面对开放式的问题，青年学生思维敏捷的优势就会显现出来，能够经过深思熟虑回答教师的问题，也会更容易得到教师的积极鼓励和肯定。即使学生的回答并不完全正确，教师也可以使用启发式的会话，例如，"从回答之中，我们发现这位

---

① 周芳：《思想政治教育审美研究》，人民出版社 2012 年版，第 133 页。

同学很认真地思考了这些问题，如果继续深入考虑或者不断地搜索相关信息，那么他将会对此形成更加深刻和全面的见解"。不仅如此，高校思想政治教育工作者在会话中会扮演多样化的角色。很多时候，教师会面对这样的情况，有些学生并没有取得良好的成绩，以至影响了学习热情，这个时候教师在会话中不仅要扮演专家或者引领者的角色，而且可以尝试扮演陪伴者、对话者等更加平易近人的角色。例如，学生如果在课程阶段测验中没有取得好的成绩，可能会感到十分失落，甚至会说"我这次考砸了，我可真差啊"。实际上，这句话的信息并不全面，学生将一次考试成绩的好坏当作衡量自己学习水平的标准，必然会导致沮丧、懊恼、愤怒等负面情绪，进而影响日常的学习状态。在这样的情形下，教师要协助学生将会话信息补全，通过会话方式的改善去改变学生的不合理信念，从而消解那些负面的不良情绪，让学生恢复信心和热情。若要补充有效的信息，教师必须明确会话中所隐藏的内容，具体来看就是学生话语中没有说出来的修饰成分。从原因层面帮助学生分析，那么会话可以转变为"这次没有取得良好的成绩，是因为我复习的并不好，这并不代表我就很差"。从未来可能出现的后果来看，会话信息可以做进一步的补充，即如果我好好复习，运用正确的学习方法，那么下一次考试我就会取得良好的成绩。通过叙事方式的改变，学生对自身和事物的认知会更加完善，那些不良的情绪和悲观的想法也会得到改变。由此可见，思政教学所倡导的语言美，旨在以"润物细无声"的叙事方式帮助大学生形成一种合理的认知，避免过度绝对化的认知偏差或不合理的信念，这一方面有利于学生激发高等教育阶段的学习热情，树立信心，形成对自身的正确认知；另一方面则有利于帮助建立师生之间、学生之间的和谐关系。语言美的不断锤炼，并不仅仅是技巧方面的改变或提升，语言之美既需要会话主体拥有理性的思维和正确的认知，也需要主体拥有积极善良的心灵和宽以待人的个人修养。在语言之美的呈现过程中，心灵之美和风度之美也能够汇聚交融，使思想政治教育得以彰显出一种整体的美感。

第二节　教育对象的有效需求

新媒体时代，信息技术的发展给我们带来了新鲜、刺激、华丽的感官体验。的确，当代社会我们接收信息的途径多样化，大大丰富了我们的生活，但作为教育工作者的教师必须甄别信息的良莠，以保证学生能够被正确的社会观、人生观、价值观和审美观所引导。就审美领域来看，新媒体时代一个重要的问题就是倡导和谐、有序、令人身心愉悦的审美标准。如前所述，这种标准包括内在美、风度美和语言美，而不仅仅依靠美丽的外表。但就现实情况来看，大众审美鉴赏力虽然在不断提高，但一些人依然以美貌作为衡量人的唯一审美标准，甚至以外表美取代心灵美和风度美，一些人也不假思索地被这种审美标准带了节奏。的确，我们倡导内在美、风度美的同时，也会欣赏漂亮的外貌和标致的身材，也并不否认追求时尚所带来的乐趣，但审美标准单一化、庸俗化所带来的不良后果或审美焦虑也应该被人们所正视。例如，一些人并不满意自己的外貌或身材，渴望变得更漂亮，这是一种非常正常的诉求，符合追求美的人性特征，但变美的方式有很多，健康的生活方式，合理的时间安排，自律的人生态度，这些方式虽不能马上让人变得更漂亮，却能够循序渐进地培养出良好的气质和健康的体魄，可是有些人会急于求成地提高颜值，甚至借助整容或过度医美去改变自己的外貌，在这方面投入了过多的时间、精力和财力，忽略了内在美和风度美，甚至影响了正常学习生活，得不偿失。针对这样的情况，思想政治教育工作者要在实施美育的过程中关注青少年真正的需求，既不能忽略青少年的主观审美取向，也不能忽略青少年成长过程中所遵循的客观规律。具体来看，美育维度的引入，要求思想政治教育者关注青少年在个性完善、健康审美观建构、社会认同等方面的需要。

一　教育对象在个性完善方面的需要

人格集中体现了一个人的道德水平、价值观念和审美品位，人格又总是通过个体的谈吐、气质、行为等表现出来。从人格发展的角度来看，每个人都不是完美的人，既有自身独特的优势，也不可避免地存在这样或那样的缺点，但由于每个人在成长过程中都会接受教育，人格也会随之发展和变化。由于美育维度高校思想政治教育以马克思主义人的全面发展理论为基础，因此我们考虑这一问题的时候不能将人看作孤立的个体，而是要将其看作一定社会关系的总和，另一方面，我们也不能将人格看作一种固化的静止性存在，而是要用辩证和发展的方式看待个性的完善过程。

从美育的维度来看，人格的完善程度能够体现出一个人的智慧和涵养，也能够释放出灵性的光辉。前者和人的认知水平有关，后者则集中反映出人的审美素养和艺术底蕴。然而无论是智慧的增长，还是灵性的培育，都需要个体和社会情境之间的互动。在这个过程中，个体在和他人的沟通中最大限度地吸取知识和信息，提升自身的智慧，增长才干，同时由于沟通过程并不局限于知识交换，很多时候沟通的是情感，个体之间在长时间的情感交流中彼此熏陶，身心在情感交融中变得轻松愉悦，有助于发挥灵性层面的个性特征。引入美育维度的

美育维度的高校思想政治教育研究

高校思想政治教育，在实现立德树人目标的过程中，始终关注每个学生在健全人格方面的需要，将智慧的培养、人格的完善和气质的塑造结合起来，真正实现人在智力、道德、意志、审美、体魄等方面的协调发展，因为"合格的建设者和接班人绝非意志薄弱、情感脆弱、缺乏主见、懒惰散漫、盲目随从的个体，绝非单面化和畸形化的个体，而是有着稳定的心理特征和良好的个性品质的人，说到底是具有人性美的人"①。由此观之，美育维度的高校思想政治教育对健全人格方面的关注，既是一种发展的视角，同时也可以看作一种优势视角。发展的视角，将人格看作变化和发展的，这种变化总是通过个体与社会情境之间的互动实现，因此教育者有必要倡导一种风清气正的校园文化和健康积极的社会审美标准，保证个体在社会情境中不断地吸取积极因素，培育良好的审美观念。优势视角则是相对于问题视角而言的价值视野，优势视角认为每个人的个性中所存在的问题都是成长的重要组成部分，既能够帮助个体认识自身的限度，也能够不断地激发个体的优势，个体能够通过后天的努力和社会系统所建构的支持网络找到解决问题的办法，在这个过程中每个人所具备的独特优势都会通过社会系统的支持发挥出来，从而解决自身的问题，不断提升能力，完善人格。美育维度的引入，有利于思想政治教育工作者以更加客观、理性、辩证的态度去同理学生在人格完善方面的需要。在美育的实施过程中，大学生也能够明确自身的优点和缺点，认识到它们都是成长中不可或缺的部分，在接受人性不完美这个事实的同时，能够不断地健全自身的人格，通过与他人的互动，在社会支持网络中激发自身内在的潜能，凭借自身的优势去克服生活、学习和工作中遇到的问题和烦

---

① 周芳：《思想政治教育审美研究》，人民出版社 2012 年版，第 148—149 页。

恼，这样能够避免学生在遭遇重大突发事件的时候陷入消极的情绪，也能够避免学生在遇到问题时采取较为极端的手段。他们通过审美教育养成宽容的情怀和乐观的态度，并通过适当的途径寻求社会网络的支持，不断激发优势，完善个性，健全人格。

二 教育对象在健康审美方面的需要

养成健康的审美观是美育维度高校思想政治教育的另一个重要目标，健康的审美观是审美主体在审美活动中应该持有的积极态度，尤其是在新媒体时代，拥有健康审美观的主体能够在多元化的信息中辨别高雅与低俗、优美与丑陋。对大学生来说，业已形成的审美观或多或少都受到大众媒体的影响，大学时代又是审美观逐渐形成的重要阶段，因此思想政治教育工作者有必要通过美育的实施去不断完善和端正大学生的审美观，让他们进入社会之后能够基于较为深厚的艺术底蕴和文化修养进行审美评价，从诸多社会现象和社会行为中辨别出那些值得学习和欣赏的高尚行为。正是由于美育维度能够正视大学生之间的个体差异，所以教育者能够较为敏锐地意识到学生们在生活境遇、家庭教育、社会阅历、文化修养等方面的不同之处，进而也能够理解他们在面对同一个审美对象的时候，对正确与错误、优美与丑陋、高尚与媚俗、进步与落后产生不同的判断。面对差异明显的审美观，长期进行艺术熏陶和积累审美经验的教育者能够准确地辨别审美标准，形成积极健康的审美评价，并以此为基础引导学生的审美观，避免学生被庸俗化的审美标准所误导，真正塑造他们的文化积淀和艺术涵养，不断地帮助学生锻铸内在美，修炼风度美，养成语言美。但这里需要明确一点，虽然思想政治教育者在审美教育的发展中任重道远，但教育者不可孤军奋战，为了真正实现美育和思想政治教育的共同目标，必须联合家庭教育、大众媒体及社会各界的力量，充分利用社会网络中的各类资源，形成合力，优化教育教学手段，加大宣传力度，努力在社会青少年群体中弘扬健康积极的审美观和风清气正的校园文化，实现思想政治教育立德树人的目标，不断地为社会输送全面发展、身心健康、品味高尚的建设者和接班人。在这个过程中，高校、家庭、媒体、社会各界都需要有明确的分工和清晰的工作界限，最大化地保证此项工作能够顺利、高效、有序地实施。

三　教育对象在社会认同方面的需要

大学阶段是个体从学校走向社会的过渡阶段，一方面大学生并没有完全社会化，另一方面却在为社会化做着充分的准备，这个过程中个体的社会认同是一种非常重要的需要，几乎每个大学生都渴望在各个方面被他人接受、承认和理解。根据马克思主义人学理论，个体所获得的认同不仅仅来自自身或亲密的他人，而是来自各种各样的社会关系，这是由人的现实属性和社会属性所决定的。在大学校园中，一个人的学习生活如何，是否拥有足够的自我效能感去适应环境和解决问题，是否具备足够的信心去迎接未来的挑战，不仅仅取决于学习成绩，更重要的一个影响因素是他在社会关系网络中的认同状况。例如，即使是一个成绩优秀的学生，如果没有积极地融入他所在的群体中，或者完全不擅长处理亲情、友情、爱情等关系中所存在的问题，那么他就无法明确自身的社会认同状况，在未来的工作中也会遇到人际沟通和社会化融入方面的问题，这会极大地影响其发挥自身的才能和优势。因此，大学生在社会认同方面的需要必须得到满足，这对于思想政治教育工作者来说也是一项复杂而艰巨的工作。对于思想政治教育工作者来说，需要正确理解大学生社会化的具体内容，大学生的社会认同一方面表现为良好社会关系的塑造，另一方面则是社会实践活动的参与程度。社会关系是复杂多样的，社会学家布迪厄用"场域"来概括我们身处其中的社会关系网络，它并不是固化的空间，而是由各类活跃的、多样的关系所构成的流动性空间，行动主体的言谈举止会被各种关系塑造，主体自身的活动也会时刻影响着空间的变化。由于大学生处于学校向社会的过渡阶段，他们的社会关系分为校内和校外两个场域，这两个场域中的沟通策略又存在着一些不同之处。美育维度关注生活世界中的不同场景，倡导个体在场景切换过程中可以与环境和谐相处，也主张策略的选择应该符合美的规律，接受美育熏陶的学生即使面对场景的变化也不会慌张或盲从，而是基于自身的文化修养和艺术底蕴从容面对生活中的变化，在不同类型的社会关系中寻求和谐共处的良策。社会活动的参与则是大学生社会化的另一项重要需求，思政教育在面对此项需求的时候需要帮助学生甄别哪些活动是有益于身心健康和社会发展的。由于美育的实施能够让学生形成积极健康的审美观，因此他们在复杂的社会现象和社会活动中可以区分出高尚与低俗，并以此为标准选择自己所要参与的社会活动。

综上所述，无论是教育主体审美条件的不断完善，还是大学生健全人格、构建健康审美观方面的需求满足，都需要一个较为完善的教育流程，这个流程包含一系列重要的环节，具体来看就是美育课程的设计、审美关系的建构和评价标准的设置。

第三节　美育维度高校思想政治教育过程中的重要环节

作为美育的实施者，思想政治教育工作者对教育对象实施教育的过程至关重要，这个过程包括课程设计、新型审美关系的建构以及评价标准的设计。这里需要明确的一个问题是，美育维度的高校思想政治教育既不等同于传统的思想政治教育，也区别于纯粹的艺术修养教育。一方面，美育维度思想政治教育的课程设计要围绕新时代立德树人的人才培养目标进行，选择合适的教材、安排合理的课程并精选具有胜任力的优秀师资；另一方面，思想政治教育者要把握社会主义的办学方向，实施美育的同时坚定政治立场，在授课过程中以正确的价值观对大学生进行引导。

一 美育维度高校思想政治教育的课程设计

课程设计是一门课程能够取得成功的重要环节。就目前的美育发展现状来看，教育部已经下发了《关于切实加强新时代高等学校美育工作的意见》（以下简称《高校美育意见》），对高校公共艺术课程建设、专业艺术教育、艺术师范教育以及高校普及艺术教育等方面都提出了具体要求。这一要求为美育维度高校思想政治教育的开展提供了重要的指导思想和实施原则。我们先来解读一下《高校美育意见》的具体内容，根据相关内容我们可以对美育维度高校思想政治教育的课程设计进行尝试性的探索和实践。

在高校公共艺术课程建设方面，《高校美育意见》鼓励学校因地因校制宜，开展丰富多彩的艺术实践活动，积极探索创造具有时代特征、校园特色、学生特点、教育特质的艺术实践活动形式。同时，还提出要加大从普通在校生中挖掘、选拔、培养艺术团成员的力度，带动校园文化活动开展。在专业艺术教育方面，《高校美育意见》要求从优化学科专业布局、优化专业设置、提高人才培养质量方面入手，注重内涵建设，突出办学特色。强调专业设置应与学科建设、产业发展、社会需求、艺术前沿有机衔接，增强人才培养和社会经济发展的契合度，依托一流专业建设"双万计划"，建设好国家级一流艺术类专业。推动高校修订专业人才培养方案，深入实施普通高校艺术相关本科专业类教学质量国家标准和高等职业学校文化艺术大类专业教学标准，不断完善艺术专业人才评价标准，加强卓越拔尖艺术人才培养，鼓励和支持艺术类高校和综合性大学联合开展艺术类人才培养模式改革。此外，《高校美育意见》中还明确表示，支持高校设立并办好音乐教育、美术教育、舞蹈教育、戏剧教育、戏曲教育、影视教育相关专业，为基础教育培养高素质、专业化、创新性美育教师。①

根据《高校美育意见》的相关内容，我们可以了解到，高校美育课程可以划分为三种类型。第一种是公共类艺术教育课程，也就是我们经常提及的"通识教育"，这是以广大高校生为教育对象的课程，旨在普遍化地提升在校大学生的艺术修养。第二类则是专业艺术教育课程，这类课程针对各大高校艺术系的在校大学生，相对而言，专业培养标准和人才培养规格较为完善，师资力量一直以来都比较雄厚，学生的艺术功底扎实，课程设计也形成了常规模式，其目的在于培养高素质的专业化人才。第三类则是师范类艺术教育课程，这类课程通常在师范类院校中实施，一方面关注学生在艺术修养方面的提升，另一方面则对学生在教育理论、教育技术、教育心理等方面进行系统而专业的培训，旨在培养艺术类教育人才。

基于这样的分类标准，美育维度的高校思想政治教育也要因材施教、因地制宜，根据不同的教育对象进行科学、合理、系统的课程设计，这关乎新型审美关系的建构和美育评价标准的设置。

---

① 此部分内容参见 http://www.moe.gov.cn/srcsite/A17/moe_794/moe_624/201904/t20190411_377523.html。

对于公共类艺术教育来说，美育维度的高校思想政治教育可以采取三种不同类型的课程设置方案。第一，依托原有的《美学原理》《艺术导论》《电影欣赏》等传统艺术通识课程，运用多样化的教学方法和教学手段，提升课程的吸引力和感染力，让广大学生都能够参与其中。翻转课堂、戏剧表演、项目中心、问题导向等崭新的教育方法能够以不同的方式吸引学生参与课程学习之中，在不同的教学情境中获得审美体验，强化自身的艺术文化修养。第二，重组原有的课程，根据教育对象之间不同的审美需要，进行更为细化的分类。根据师资力量的配置和教育对象的审美需要，分别设置基础性较强的艺术类通识课和专业性较强的艺术类任选课，增加学生学习的选择空间。具体来看，基础性较强的艺术类通识课程能够满足大多数大学生的审美需要，但也有一些非艺术专业的学生也具备良好的文学功底和艺术修养，他们渴望在校园之中得到更为系统的艺术训练或更加专业的艺术熏陶，还有一些学生在完成基础类通识课程之后也产生更高层次的审美需要。专业性较强的艺术类任选课虽然难度较大，且评价标准更高，但是也能够不断激发学生们的艺术热情，尤其是在培养审美想象力、审美创造力等方面可以发挥更大的作用。第三，在审美教育实施的同时，推动思政课程化的进程。实际上，美育维度高校思想政治教育这个理念本身就融合了思政课程和课程思政这两种趋势，在这里我们专门讨论课程设计这一主题，至于美育维度高校思想政治教育如何实现思政课程和课程思政的同向同行，我们在后面的章节中将会详细地探讨。美育维度的思想政治教育本身就以马克思主义人学理论和审美价值论为基础，教学内容包含着丰富的美学思想，教育者的一个重要职责是对这些思想进行深刻而系统的阐释，让学生能够理解马克思主义美学的内涵和价值。思政课程作为全校必修课，其中所包含的美学思想能够最大化地培养学生的道德情操，提升学生的思想境界。因此，思政教育者必须不断增强自身的理论功底和艺术修养，充分利用思政课堂，通过多样化的方式引导学生追求崇高的理想，树立远大的目标，养成正确的价值观和审美观。

对于专业类艺术课程来说，其目的在于提升学生的专业技巧和艺术创作能力，增强学生的文化底蕴，引导学生形成正确的价值观念，让专业人才获得更为宽广的理论视野，积累更为丰富的审美经验，创造出更富艺术价值和时代意义的高质量作品。若要实现这一点，我们可以尝试两种途径。第一，将《文学概论》《跨文化概论》《文艺美学》以及《艺术心理学》等能够在文学修养和艺术素养方面提供系统训练的课程纳入专业课程体系之中，作为对原有专业核心课或专业必修课的补充。上述课程和原有课程并不会彼此冲突，而且在功能上能够起到辅助作用，这在很大程度上拓展了艺术专业学生的理论视野，为他们未来的艺术道路提供更为广阔的发展空间。第二，充分利用全校各个专业的各类资源，在全校范围内优化资源配置，加大资源共享力度，让专业类艺术课程保持一种相对开放的状态。一方面，为艺术类专业学生提供更为便捷的理论知识学习渠道，让他们能够通过各种方式学习或选修各类相关专业的课程并获得相应的学分，心理学、文艺学、社会学等相关学科的课程对艺术系学生来说都有重要的参考价值，学科之间的交融也能够拓宽学术视野。另一方面，艺术并不是曲高和寡的作品，很多时候艺术也需要被理解、被表达。艺术系的学生虽然尚在求学阶段，但是可以通过线上线下结合等方式向校内师生展示自己的作品，在互动交流中表达自己的审美经验，体验分享艺术美的快乐。对于艺术专业的学生来说，这不仅可以让更多的人了解自己的艺术创作，而且也可以通过轻松的方式让更多的师生获得艺术素养的提升。

对于师范类艺术教育课程来说，美育维度的高校思想政治教育一方面关注师范类学生在艺术修养方面的提升，另一方面则要注意引领学生的价值导向，为社会培养政治立场坚定、师德高尚、师风严谨、专业精良的师范类艺术人才。一直以来，师范类艺术人才都是实施素质教育的重要力量，师范类艺术教育的专业课程体系建设较为完善，教育理论、教育技术、教育心理等方面的训练也较为系统和专业。在这种情况下，思政教育者在舆论导向和价值引领方面的作用就尤为突出。在课程设计方面，师范类的美育课程更要契合教育对象的角色特点。一方面，师范类艺术专业的学生和普通艺术生一样需要艺术功底的锤炼和文化修养的提升，思想政治教育工作者要用多样化的方式和人性化的手段进行价值上的引领；另一方面，师范类艺术专业的学生也是未来的教师，他们和思政教育者之间在角色上存在着很大的共性，思政教师在面对师范生的时候也需要以同行的立场去同理他们的需要，这更加有利于情感层面的疏导和专业领域的沟通交流。

二 美育维度高校思想政治教育的课程资源

若要在美育维度高校思想政治教育的实施中构建一套系统完善的课程体系，必须依托丰富的课程资源，否则再科学的教育理念，再优秀的课程设置也会成为无源之水。近年来，我国文化建设的成果为美育维度高校思想政治教育提供了重要资源，这也构成了课程"以情动人"的重要前提。具体来看，红色文化通过对英雄人物和先进人物的感人事迹的呈现，不断激发大学生的爱国情怀，中华优秀传统文化中的经典作品中包含着价值观念、理想信念和道德观念，体现了深厚的人文关怀，能够引起大学生的情感共鸣。

（一）红色文化资源

高校思想政治教育以立德树人为根本任务，以培养社会主义事业的建设者和接班人为目标，因此新时代的高校思政教师必须善用网络阵地，不断从中汲取红色文化资源，以更加丰富的方式和手段向学生展示马克思主义理论的科学内涵和时代价值，进而真正提升学生的政治理论素养。实际上，很多大学生在初高中阶段已经较为系统地接受了马克思主义理论教育，对一些重要的概念、知识、原理已经十分熟悉，但是如果思政教育工作能够运用更多的革命文化资源，以视频、图片、音乐、文学等多样化的方式进行教学，那么学生可以更加直观、具体地感受马克思主义理论的科学内涵，思政教育工作的效果也会更加明显。例如，经典影片《建国大业》的内容具有深刻的教育意义，而且其中一些主要人物的扮演者也是广受欢迎的影视明星，学生在观影的过程中一方面能够了解历史，理解马克思主义理论的深刻性和科学性，另一方面也会被优秀演员的精湛演技所感染，引起情感上的共鸣，激发自己的爱国情怀和奋斗热情。这样的革命文化作品体现了美育维度思想政治教育以理服人和以情动人的有效结合。在媒体技术日渐发达的时代，各类信息平台可以提供大量的革命文化资源，不仅有深刻的内涵，而且也具备多样化的形式，这对于美育的实施具有重要的意义，教师可以根据当前的教学阶段和授课内容选择不同的资源，极大地丰富了课堂教学，从而引起大学生的学习兴趣，激发内在的学习动机。

（二）中华优秀传统文化

中华优秀传统文化既是民族的文化，也是大众的文化。很多传统文化中的经典作品无论是从内容主题上看，还是表达方式上看，都能够贴近普通人的日常生活。近些年来，随着相关研究的不断开展，很多传统文化的阐释都更加贴近生活，雅俗共赏，这也为传统文化成为高校美育的资源提供了重要的条件。例如，《红楼梦》的审美价值不仅仅是叙述方式的独特或文字的优美流畅，更重要的是作品中的情节能够反映日常生活的细节，并对此进行了精心的艺术加工，作品中的人物也都是拥有喜怒哀乐、情感纠葛、现实需要，甚至个人欲望的普通人，他们时而善良无私，时而精于计算，时而温和有礼，时而任性偏执，正因如此，作品才称得上经典，经典作品所吸引的不仅仅是术业有专攻的研究者，还有更多的社会成员，在青年学生中也经久不衰。这样的经典作品应该被教师和学生共同研读，在文本的反复耕耘中寻求审美体验，将作品中的精髓提炼出来，分析蕴含于作品之中的审美价值，发挥自身的审美想象力，通过正确的价值引导形成健康的审美判断力，并且在不断实践的过程中逐渐培养审美创造力。

三 美育维度高校思想政治教育的审美关系

由于美育课程的设计总是随着时代的发展而变化，一种新型的审美关系在美育维度的高校思想政治教育中得以重新建构，这是一种和谐的新型师生关系，在这种关系中师生之间处于更加轻松愉悦的状态，学生在学习过程中也更容易获得"以情动人"的美感，具体来看，这种审美关系包括以下三个方面。

第一，彼此欣赏，共享艺术之美。根据社会角色理论，教师在传统教育过程中一直扮演着引导者和教育者等权威角色，与之相应，学生则扮演着被引导者和服从者等被动角色，这与倡导学生主体意识的当代教育理念截然不同，这种角色设定在很多时候会导致教师和学生的双重角色困境。例如，在一个课堂情境中，很多学生认为轻松活跃的气氛有助于他们对相关理论知识进行有效的学习，希望能够模拟社会情境，但一些教师却出于教学计划或教学大纲的考虑急于完成进度，也有一些人认为专业概念和理论知识的讲解更为重要，那么基于学生所扮演的被引导者和服从者的角色，有利于学习效果的意见无法积极表达，导致学生出现角色失调的困境，学习兴趣和教学效果也随之降低。为了避免角色困境所带来的教学问题，教师的角色应该从权威型转变为平等对话型，在新的教学理念影响下，教师的角色也应该在一定程度上发生转变。面对学习理念上的差异，师生之间应该建立彼此欣赏的态度，在审美教育中共享艺术之美。这种彼此欣赏，意味着一种双向度的同理心。例如，在思政课程中，教师面对低年级的学生依然可以发挥教育者和引导者的角色，将基本的概念解释和理论知识传授给学生，当学生具备一定的知识基础，教师的角色开始调整为对话者、陪伴者，甚至倾听者，充分发挥学生作为创造者和表达者的角色功能。当教师扮演上述角色的时候，需要最大限度发挥同理心，同理学生的需求、表达，甚至情绪，学生面对这样的同理也应该给予积极的反馈。又如，高年级学生由于要面对升学和就业的压力，课堂情绪较为焦虑，容易出现迟到、溜号、打断教学秩序等课堂问题，教师应该评估大四学生在升学和求职等方面的需求，根据需求状况和情绪状态合理调整教学内容，通过课堂教学解决一些学生在升学考试和求职过程中可能遇到的共性问题，避免增加额外的课业负担，这一方面能最大限度地利用课堂时间满足学生知识上的需求，另一方面也可以帮助学生合理安排时间完成学习任务。当然，若要形成彼此欣赏的主体间性教学，教师单方面的努力远远不够，大学生也应该明确自己的学习目标，将学习者的角色放到第一位，接受教师的引导，在学习过程中表达自己每个阶段的需要，向教师积极反馈学习体验和学习效果，形成更加完善的审美型师生关系。基于相互欣赏的主体间性视野，思政教育者可以采用探究式学习、体验式学习，甚至翻转课堂等多样化的教学方法，激发学生对相关文化知识的理解力和特定社会情境中的创造意识。从这个意义上看，教师与学生都是高校思想政治教育的主体，根据教学目标，不同阶段的师生互动会有不同的方式。

第二，悦纳自己，宽以待人的和谐关系。美育维度的思想政治教育追求艺术美的体验与共享，但这并不意味着要求每个学生都成为完美的、无缺点的人。因此，新型的审美关系追求和谐、有序、共处，但并不苛求完美。恰恰相反，让每个学生悦纳平凡的自己，接纳普通的他人，同时承认普通人的价值也是思想政治教育的一个重要目标，这是一种宽厚的处世态度和友善的待人原则。诚然，勇攀高峰的科学家不畏艰难，奋力攻关，这是一种专业人士的形象，能够让人感受到知识之美。活跃在大银幕上的明星气度不凡，举止优雅，演技精湛，也凭借内外兼修之美赢得了粉丝们的赞誉。然而，并不是每个人都能够成为科学家或明星，更多的是在平凡岗位上默默耕耘、无私奉献的人，他们的美值得更多的关注。因此，既然美育以社会大众为对象，那么高校美育应该让大学生发现平凡人的美和日常生活的美好。这样一种态度既是面向自身的，也是面向他人的。从美育的视野出发，悦纳自己，意味着对生活的热爱和对世界的善意，宽以待人则代表对社会的融入和对普通人的关注。这样一种审美关系避免了过于悲观的人生态度和自我中心主义的思考方式，而积极的态度和正确的思考方式又能够帮助学生养成理性平和的社会心态，真正避免偏差行为的出现。更进一步理解，宽以待人的态度是一种移情能力，这种移情包括对言语层面或非言语层面的交际行为进行诠释和理解。如果要在思政课堂情境中培养这样的态度，那么教师和学生必须在言语行为和非言语行为的层面共同努力，相互关注，学生要学会接纳教师的关爱，教师则以更加专业的态度和语言表达自己对学生的共情。

一般而言，移情分为两种，我们不能简单地将移情能力归结为理解能力或其他的理性能力，就其实质来说，真正具备同理心的人往往在审美素养方面有着较高的造诣。就第一种移情来说，主要是指言语行为主体能够非常直观地根据他人的文化特质去理解并诠释对方的话语交际行为。而第二种移情，主要是指会话者能够立足于自身的文化特质去理解并诠释会话伙伴某种行为所具备的意义，并对其进行合理的反馈和回应。上述两种移情能力，在高校思政教学过程中会通过课堂教学对话体现出来。正因如此，高校思想政治教育者要不断地反思自身的会话方式，让学生在上课过程中如沐春风，以更加积极饱满的状态投入课程学习之中，以此来不断加强和提升高校思想政治教育教学工作的效果。具体来看，若要在高校思政教学过程中培养上述移情能力，教师在教学过程中的授课语言不应该是独白式的表述，而是合作式的话语沟通。就第一种移情能力的提升来看，教师应该不断放大格局，不能将目光局限在课堂上，而是深入社会生活之中去充分了解当代大学生在知识储备、价值取向和兴趣爱好等方面的信息，以此来把握他们的会话方式，理解他们经常运用的话语的准确含义。唯有时刻保持对青年群体的关注，教育者才能够不断激发学习者的会话热情，也只有这样才能保证教育者所掌握的知识和所具备的能力可以让其对学生的言语行为做出正确的诠释和反馈，与之相应，学生也能够体会到一种亲切、友善、和谐的会话情境，从而有效地回应教师的教育；对于第二种移情能力来说，教师需要把握的不仅仅是大学生群体的整体特质，也要把握因材施教的教育理念。实际上，虽然课堂上学生们置身于同一个教学情境之中，但是他们彼此之间在专业、年级、知识、能力、学习经验等方面都呈现出较强的个体差异性，这是由于思想政治教育覆盖了高校的全部专业，同时学习者也来自各个不同的地方，而教师在教学过程中总会和不同的学生进行会话，包括课堂讲授、课堂提问和小组讨论。在这样的课堂情境之中，教师要充分根据学生的个体差异去组织自己的语言，尽量保持话轮的流畅转换。例如，面对理工科专业的学生，文科出身的思政教师要注意话语的精准性和内在逻辑关联，让学生能够尽快地找到学习规律，理解理论内容。

第三，美育教学涉及人类文化的多样性，面对不同文化，教师要基于一定的价值立场并保持一定的包容度。从广义上看，人与人之顺利的交往或沟通，在某种意义上都是跨文化理解的结果。这样一种理解，前提在于交往行为主体对文化差异的非批判性价值取向，这是一种包容的态度。哈贝马斯认为，共识的形成是交往行动是否成功的重要标志。可以说，现代社会每个人都有自身不同的需要，而且现代人都注重个性的发展。在这种情况下，共识若要达成就需要交往行动主体以较强的同理心去理解他人的文化背景，否则就容易形成刻板印象，将他人标签化。在高校思政教学中，作为教学活动的主体，教师本人虽然也有自己的价值判断，但在授课过程中应坚持一种专业精神，帮助学习者以客观态度去理解文化之间的差异，同时能够基于一定的价值立场对文化的发展和文化之间的差异有清晰的认识，在这个基础上去弘扬社会主义核心价值观和中华优秀传统文化，能够让学习者真正了解我国文化的比较优势。

就文化本身来说，它并不是一种孤立的存在物，文化之间总会产生影响。文化虽然是一种潜在的系统，但是它对人的影响却是客观的。正如社会学家塔尔克特·帕森斯强调的那样，文化是社会有机体中的重要组成部分，能够起到"维模"的作用，这里的"维模"主要是指文化从潜在的层面能够让人们自内而外地遵守社会规则，进而维护社会整体的和谐与稳定。如果我们将文化看作一套具有强大影响力的客观系统，那么我们必须正确对待文化对人的影响，以此为基础弘扬本国的优秀文化。对于文化的客观描述是跨文化知识传授的前提，在描述的过程中应该把握不同文化类型的特质，凸显每一种文化自身的辨识度。对于教育者来说，在诠释文化特质的时候应该进行角色的转变，即从简单的知识传播转变为积极的文化研究（Weber，S，1999）。

对于高校思想政治教育工作者来说，美育中的跨文化能力培养非常重要。美育的关键之处在于通过情感上所引发的共鸣对受教育者进行有效的价值导向和道德教育。在此过程中，文化因素占据了非常重要的地位。就此而言，从事美育的人，不仅要让学习者以辩证的思维理解文化差异、以客观的态度认识不同文化的基本特质，更重要的是在跨文化交际的过程中保持一定的敏感性，了解每一种文化在同其他文化相遇的时候所发生的变化，注意历史发展过程中文化变迁的影响因素，形成一种宏观视野。

四 美育维度高校思想政治教育的评价标准

思想政治教育中美育教学的效果如何？大学生在审美教育中收获了哪些能力和素养？这两个问题在高校美育中非常重要，它们衡量着美育维度的引入在多大程度上提升了高校思想政治教育的效果，因此我们必须找出一种符合大学生学习状况的评价标准，以此来衡量他们在美育中收获了哪些知识和能力。

一直以来，人们关于知识水平的提升和理解能力的强化存在着两种截然不同的评价方式。第一种被称为实体论，它的理论基础是哲学上的机械认识论，强调人的认识能力像实体一样，聪明或愚蠢，无增无减，无可改变；第二种则是智识增长论，强调人的智慧可以通过后天的学习和有效的干预策略在经验积累过程中不断地增长，这就好比生物有机体的发育一样，故此而得名。就现代教育的发展来看，人们更加认同智识增长论的相关理念，强调后天的学习和恰当的学习方法在人才培养中的作用，这是一种更为科学、系统、全面的评价，更加有助于我们因材施教，从真正的意义上去实现人的自由全面的发展。

从高校美育的教学目标和教学特点来看，智识增长论是一种纵向的、立足于培养动态审美能力的干预策略和教育手段，纵向策略和横向干预一起形成多元长效的审美能力评价机制。具体来看，虽然学生由于文化背景的差异在课堂学习中会表现出不同的审美鉴赏水平，但彼此之间能够取长补短，一些学生能够发挥极佳的记忆力，他们可以说出美学发展不同阶段的代表人物，另一些学生可能擅长艺术创作，能够在美育中创作出精良的作品，也有一些学生擅长深层次的科学研究，可以在短时间内撰写出专业性极强的美学研究论文，这些都属于良好的专业实践能力。在这样的教学情境之中，不同类型的学生都会因自己在擅长的领域取得进步而获得教师的正面评价和同学的积极回应。美育领域的人才培养是多元的，既可以是专业艺术创作者，也可以是知识或技能的传授者，还有可能是充满创意的设计师，随着美育在高等教育领域的普及，美育的实施成果也可以在各行各业之中融会贯通。这就意味着美育实施的效果不应该仅仅和分数、收入或者业绩相关，成就的大小也并不应该以单一的知识增长来评价，成就的评价应该从纵向与横向两个层面进行考量。

就此而言，成就目标论者卡罗尔·德韦克（Carol S. Dweck）提出人获取知识的能力并非一成不变，就像人的身体一样可以在内在成就动机被激发的时候获得持续的增长。然而，获取知识能力的发展只是某一个领域的纵向发展，若要促进人的全面发展，教育工作者还要融合多元化的横向评价体系。多元化的评价体系包括学生的知识水平、专业能力、道德水平、身心状况以及审美能力等多个方面，全面激励学生的内在学习动机和综合发展的期望。不仅如此，人才评价体系的制订还要有利于人的持续发展。一套科学的评价体系不仅要有助于激励学生在校期间的学习动机，也要有利于人才的持续发展和终身发展。由于大数据技术的发展，学生在毕业之后的个人发展、就业状况以及社会评价情况等方面的信息都能够被全面追踪，这就为教育者和研究者制订综合评价体系提供了科学依据。然而，仅仅依靠社会统计技术去制订有利于人才持续发展的评价体系还远远不够，对青年学生的了解还应包括身心特征、职业理想、内在需求、自我评价等方面。

在美育课程中，建立一种多元化的评价标准，能够在很大程度上避免优生和差生的等级划分，同时也为翻转课堂、任务教学法、探究学习法、合作式学习等现代化教育方法的广泛运用提供了良好契机。随着美育维度被引入高校思政课程，教师应该试图建立更加多元化的评价标准，激发学生的内在成就动机，让学习者具有更大的获得感和成就感，这不仅能够增加高校美育课程的吸引力，而且能够引导学生端正学习态度和学习动机，进而树立正确的人生观、价值观和世界观，实现高等教育的目标。

关于如何提升大学生在思想政治教育工作中的学习效果的问题也开始引起国内学术界的关注，其中以冯刚教授为代表的学者主张"新时代的背景下，对高校思想政治教育对象接受质量的把握与考察还需要探索和运用一些新的评价方式和手段"①。而美育维度的高校思想政治教育不仅关注知识水平的发展和理论基础的夯实，也更加关注时代新人的全面发展，正因如此，评价大学生学习效果的方式和手段也是多样的。根据学界的相关研究和当前高校思想政治教育工作所取得的成效，我们可以从以下几个方面来理解美育维度高校思想政治教育的评价机制。

第一，测验或考试依然是一种有效的方式。如前所述，美育维度高校思想政治教育虽然以情动人，但是大学生知识的积累、理论素养的提升、认知能力的发展等依然是十分重要的学习目标，阶段性测验和综合考试在检验上述目标方面依然十分有效，在大数据技术日渐发达的当代社会，我们能够凭借更加精准的指标设置和更加科学的方法评估考试或测验的信度与效度。和以往课程考试不同的是，美育维度的引入让高校思政教师更加注重学生之间的个体差异，关注每个学生情感层面的审美体验，不仅如此，美育教师也会定期和辅导员及专业课教师进行沟通交流以形成学习支持网络，随着美育的深入学生可以形成更加理性、淡定、自信、开朗的良好心态和更加稳定的情绪状态，学生在面对考试的时候也能够适当进行心理状态的调节，缓解压力，对待考试成绩的态度也更加积极乐观。随着学生心理状态的持续改善，学习兴趣也会随之提升，这也为美育维度高校思想政治教育的深入开展营造了更加有利的教育环境。

第二，构建师生之间的新型审美关系有助于在互动中具体把握大学生的学习效果。如前所述，师生之间若能形成一种审美化的关系，

① 冯刚：《高校思想政治教育工作质量评价研究》，人民出版社 2020 年版，第 73 页。

那么彼此之间就会更加包容、欣赏、认同，进而形成轻松愉快的教学情境，在这样的情境中大学生更容易敞开心扉，表达自己在学习中的收获与体验。冯刚教授指出，高校思政教师也能够通过这种日常相处，进一步加强对大学生学习状况的了解和认识，这就增加了教育的现实针对性和有效适应性。① 不仅如此，这样的日常沟通也有助于思政教师及时发现大学生在学习过程中所遇到的问题，及时解惑，进一步提升美育维度思想政治教育的效果。从学生层面来看，学习成绩在很多时候会影响他们在大学时期的整体自我评价，教师如果在日常沟通中及时地进行引导、鼓励和支持，那么一种健康乐观的心态也会逐渐形成，这不仅有利于学生学习效果的提升，而且有利于学生的全面发展。美育的一个重要特征就在于对日常生活的关注，因而在美育教师的视野中，学生不仅仅是一位求知者，也是一位扎根生活的青年，在这样一种视角下，师生之间的沟通就不会局限在学术交流或知识传授层面，而是拓展到广阔的日常生活领域，有利于师生关系的审美化发展。

第三，思政教师、辅导员、专业课教师在日常教学和生活中应给予大学生更多的人文关怀和情感疏导，在生活细节中把握大学生的思想动向和学习意愿。如前所述，美育维度的高校思想政治教育所评价的内容并不局限于知识、理论和认知，而是各个方面的能力和素养，而美育以情动人的特质也要求高校思政教育工作者在评价的过程中体现出人文关怀和情感疏导。由于高校思想政治教育的主体涵盖了思政教师、辅导员和专业课教师，以更具人文关怀的方式进行评价也成为可能，具体来看，主要包括"询问和了解思政教育对象的心声、要求

---

① 冯刚：《高校思想政治教育工作质量评价研究》，人民出版社 2020 年版，第 74 页。

及甘苦，针对性地提供帮助，建立起深厚感情和信任，以获取更多真实有效的信息"①。

第四，及时学习运用新的技术手段和沟通方式加强与大学生的联系，获得更多具有实效性的信息。就目前的技术发展水平来看，网络日益成为思政教育的一个新阵地。若要及时掌握大学生的思想动态、价值取向和学习意愿，思政教师、专业课教师和辅导员都要通过各类新媒体、自媒体平台和大学生进行日常沟通或学习交流，使用大学生所熟悉的流行语言和新潮词汇与他们拉近距离，根据学生的需要和学习意愿进一步完善过程评价机制和效果评价机制。

将美育维度引入高校思想政治教育，是一个师生之间默契配合、相互理解、情感融通的教育过程，美育维度高校思想政治教育的空间在这个过程中也逐渐形成。在美育的空间构成中，教师不仅要具备扎实的知识基础和深厚的文化底蕴，而且要具备专业的审美能力和美学素养，这是引导学生进行审美体验的重要前提；美育空间的另一个重要构成部分是学生，在教师的引导下学生不仅可以获得理论知识，而且能够形成完善的人格和健康的审美观，在此基础上增强自身的社会认同感。高校教师和大学生的共同努力与相互促进，让美育本身也有一个质的飞跃。在此过程中，美育维度高校思想政治教育形成了一套独具特色的课程体系，善用各类网络资源，并且通过合理的评价标准去测试大学生的审美素养和审美能力。

---

① 冯刚：《高校思想政治教育工作质量评价研究》，人民出版社 2020 年版，第 75 页。

第四章　美育维度高校思想政治
教育的价值效能

如前所述，美育在中西历史上源远流长，其对于高尚人格的培养、精神境界的提升以及健康趣味的养成都是无可替代的。高校思想政治教育则为理想和信念的培养提供了教育层面的保障，二者在教育目标和价值取向方面具有同向性和一致性。与此同时，由于实施路径和教育方法的差异，美育和思想政治教育可以在育人功能方面相互补充，正因如此，美育维度高校思想政治教育有效地融合了美育和德育各自的优势，在人才培养方面具有更为重要的价值，并发挥更加全面系统的作用。

第一节　美育维度高校思想政治教育的价值

我们在这里将价值和功能分开进行讨论，前者所强调的是美育维度高校思想政治教育对于个人成长、人际关系协调以及社会发展等方面的重要意义，后者则是在强调美育维度高校思想政治教育在具体实施过程中对于理念更新、教育途径拓展和教学方法完善等方面的有效性。

一 培养人的健全人格

人都有哪些需要？这些需要是否具有合理性？这两个问题一直以来都为学界所关注和讨论。人们从心理学、社会学以及哲学等不同层面对需要进行了层次划分，无论哪个领域，无论何种划分方式，审美方面的需要都属于人的高层次需要。美育维度高校思想政治教育将以理服人和以情动人的方式结合起来，以更具人文关怀的情境赋予大学生美的体验，从而实现立德树人的任务。在此过程中，大学生在审美知识的积累、文化底蕴的积淀、审美能力的提升、审美素养的优化等方面不断进步，这也构成了树立健康审美观的重要前提，大学生在审美感受、审美体验与审美创造中能够区分出"高尚与低俗""美好与丑陋"，而健康审美观的形成也不断引领大学生追求"美好""高尚"与"理想"，并逐渐形成更加健全的人格。

著名人本主义心理学家马斯洛的需要层次理论对人的需要进行了类型划分，具体来说主要分为缺失性需要和成长性需要。按照马斯洛的标准，审美需要、获得尊重的需要以及自我实现的需要都属于层次较高的成长性需要，它们不同于生理需要、安全需要、爱和归属的需要等较为基础的缺失性需要，成长性需要是人在成长过程中不断追求的目标，即使得到满足还会不断产生新的需要。在这里，审美需要的实现成为人的全面性和人的完整性的重要标志，同时也是社会进步的重要衡量尺度。美育维度的高校思想政治教育关注当代大学生在德、智、体、美等方面的全面发展，强调审美意识的塑造、审美能力的提升以及审美素养的完善对身心健康的重要影响。

马克思在《德意志意识形态》中提出了"精神生产"这一重要概念，强调精神生产出自人类精神层面的需要，精神生产同物质生产之间则是一种辩证统一的关系，它们共同推动着社会的进步。作为精神生产的重要环节，审美活动能够体现人的创造力和鉴赏力，满足了人的高层次的精神需要，人们在创造劳动产品的同时也不断创造着美好生活本身，在自己的劳动产品中不断确证自身的本质力量。在这种追求过程中，人不断地进行自我完善，同时也推动着社会历史朝着更加文明健康的方向发展。从这个意义上看，美育维度的高校思想政治教育追求的并不仅仅是测验或竞赛中的"高分"或"优秀"，而是积极关注大学生在知识储备、鉴赏水平、审美能力以及人文素养等方面的发展质量，因而可以满足人在精神层面的需要，提升人的综合素养。就此而言，立德树人根本任务的实现不仅仅依赖可以量化的数据，更重要的是当代大学生在面对生活事件或社会现象时能够坚持正确的政治立场，形成正确的价值判断，养成健康的审美观。若要达到上述要求，仅仅依靠知识的传授显然不够，更重要的是让学生能够发自内心地认同正确的价值观，并以此为标准树立服务国家和人民的远大理想。对于当代大学生来说，只有身心健康发展才能保证未来的学习和工作可以顺利进行。因此我们不仅仅要关注学生在物质层面和安全层面的需要，而且也要通过思政课教学深入了解学生在心理、精神等层面的真实情况和有效需求。由于美育维度的高校思想政治教育工作融合了美育和德育的优势，既能够实现道德教化和价值导向的传统价值，又能够不断培养大学生的审美意识、审美能力和综合人文素养，满足学生的高层次需要，获得学生发自内心的价值认同。

需要强调的一点是，美育通过对审美需要的满足，在以情动人的过程中达到"养成健全人格"的目的，并实现大学生的全面发展，进而实现立德树人的根本任务。但是美育在这方面却和智育、德育截然不同，最主要的原因是美育具有"情感教育"的特征。如前所述，蔡元培先生在多篇文章与主题报告中曾经强调了美育这种专门陶冶、启迪、唤起人类情感的作用，尤其说明了"情感教育"有着其他教育方式所无法实现的特殊功能。在蔡元培看来："美育，应用美学之理论于教育，以培养感情为目的者也。"① 这就意味着，美育作为一种极为特殊的教育方式，总是通过美学的基本概念、知识内容和理论观点，从人的情感层面入手实施渐进式的陶冶和潜移默化的影响。正因如此，美育对于高校思想政治教育而言是一种弥足珍贵的教育资源，它的价值是任何逻辑反思和抽象推理所无法取代的。那么，对于思想政治教育来说，为什么要将"以情动人"和"以理服人"结合起来？首先，人是理性和感性的统一体，二者共同影响着人的认知和行为。例如，自古以来，那些品格高尚的君子总会出于对他人的"共情"而做出一些道德行为，这些行为并不仅仅是因为理性的考量。其次，"以情动人"的方式直击人的心灵，更容易引发情感共鸣，在情感共鸣的状态下道德教化或价值引导也变得更加容易。例如，经典文艺作品中的喜剧会让人忍俊不禁，悲剧则会使人潸然泪下，当人们在这样的情感状态下去反复品读作品的主题思想，更容易形成一种自发的理性反思，进而真正认同作者想要传达的价值观。

在"情感教育"这方面，美育同德育、智育之间相互区别，却又能够有机统一。这是因为："人生不外乎意志；人与人互相关系，莫大乎行为；故教育之目的，在使人人有适当之行为，即以德育为中心是也。顾欲求行为之适当，必有两方面之准备。一方面，计较厉害，考察因果，以冷静之头脑判定之；凡保身卫国之德，属于此类，赖智育之助者也。又一方面，不顾祸福，不计生死，以热烈之感情奔赴

① 《蔡元培全集》第六卷，浙江教育出版社 1997 年版，第 599 页。

之；凡与人同乐、舍己为群之德，属于此类，赖美育之助者也。所以美育者，与智育相辅而行，以图德育之完成者也。"[①] 正是由于美育在"情感教育"方面的特点，让它能够和人的精神世界相关联，直击人的心灵。蔡元培随后的一系列探讨与倡导美育的论文与讲演都具有一个坚实的基础。从此以后，只要一提及美育，他都不断地强调美育的这种独特之处，也正因为涉及情感性，所以美育与知识、意志教育不同，在影响人的心灵和精神世界方面具有不可替代的功能和价值，正是蔡元培先生对美育的这种深刻理解，让教育开始关注情感，并深深地触及人的心灵世界和精神需求。恰恰由于美育契合了高层次的精神需要，高校思想政治教育可以通过更具人文关怀的方式来感动人和鼓舞人。

可见，在美育实施的过程中，学生可以深深感受到情感上的共鸣和心灵层面的滋养，学习的压力也渐渐得到疏解，学习的乐趣则逐渐地呈现出来。这样一种轻松、愉悦、美好的教学情境更容易激发学生的创造力。从这个意义上看，审美教育真正将人的审美素养的提升同个人创造力的发展结合起来。

二　引领人的全面发展

立德树人的根本任务要求高校思政教育者以马克思主义的立场和社会主义核心价值观来引领大学生的全面发展，作为时代新人的当代大学生，他们时尚、热情、智慧，充满了爱国情怀，也对新事物保持着热切的关注度和好奇心，同时由于数据技术所提供的海量信息，他们所接触的文化类型也更加多元。在这样的背景下，高校思想政治教

---

① 《蔡元培全集》第六卷，浙江教育出版社1997年版，第599页。

育对时代新人的培养不能仅仅关注知识的积累和智力的进一步发展，更要关注智力、品格、身心健康、审美趣味的协调发展，唯有如此，大学生才能够从海量信息中汲取营养，面对多元文化也能够保持对社会主义核心价值观的高度认同。美育具有以情动人的特质，是协调知、情、意的桥梁，也能够通过这样的方式促进大学生在德智体美劳等领域的全面发展，不仅如此，健康审美观的养成也贯穿于人生发展的各个阶段，协调着大学生的现实需要与未来发展。

（一）协调人的知、情、意

如前所述，大学生的全面发展并不仅仅是理性能力的发展，这里的全面包括知、情、意等不同的层面，既包括理性的认知，也包括非理性的情感和意志。若要实现这三个层面的全面发展，需要一个作为中介的协调机制，美育具有潜移默化、循循善诱、滋养心灵、陶冶性情等方面的特点，这些决定了它能够成为沟通知、情、意的"中介"。具体来看，一方面，接受审美教育的人，由于获得了充足的情感慰藉和心灵滋养，身心处于愉悦状态，在进行知识学习和理论反思的过程中能够在"无压力"的轻松氛围中达到预期的目标，培养理性认知能力；另一方面，审美教育关注人的情感、心灵、意志等非理性领域的健康发展，接受美育的人能够在艺术熏陶过程中形成乐观的情绪、健康的心态和良好的品味。

的确，理性认知能力的培养在传统教育中被突出强调。理性能力主要包括人的逻辑思维能力和抽象反思能力，这些都是人的高端思维能力，对于我们理解客观事物和社会现象的本质具有重要作用，应该被努力培养。但是，一个全面发展的人仅仅具有理性认知能力还远远不够，人的精神活动和心理活动都十分复杂，不能简化为理性认知能力。在理性能力之外，我们也能够看到人在意志、情感、审美等方面表现出的卓越能力。例如，我们常常会歌颂科学家、哲学家这些抽象思维能力和理解能力极强的人，因为他们在自然科学和人类思想的发展过程中都做出了杰出的贡献，但与此同时我们也会由衷地佩服那些具备高尚道德情操的好人，具备强大意志力的英雄人物以及创造出优秀艺术作品的艺术家。这些人和自然科学家一样，我们从他们身上可以深深地感受到人们对于崇高理想的卓越追求。康德在《判断力批判》中将审美能力作为沟通真、善、美三者之间的桥梁。正因如此，我们需要推进美育的深度发展，我们也需要了解以培养审美能力和提升审美素养为目标的美育在实现人的全面发展过程中所发挥的重要作用。

既然能力的全面发展涵盖了理性和非理性这两个领域，那么从时代背景进行考量，全面发展的人不仅要拥有较高的智商，而且也要具有足够的情商。就高等教育领域来说，情商主要体现在大学生面对生活和学习时所表现出来的情绪控制能力和处于逆境时所表现出来的强大意志力，这主要是情和意的层面。由于美育拥有"以美益智"和"以美促德"等方面的功能，因而美育的开展也能够协调智商和情商的双重发展。随着时代的发展，"考试主义"的思维已经逐渐陈旧，唯分数论也已经无法适应时代新人发展的需求。尤其是竞争日益激烈的当代职场，它需要的人才不仅要拥有良好的业务能力和专业技能，而且必须具备较强的社会适应能力、团队合作意识、关系协调能力、互助互惠精神、自我调节能力等多方面的素质，也就是人们常说的"双商"。尤其是在专业机构中工作的人，若要在众多精英中脱颖而出，必须在"双商"方面协调发展。如果说高超的业务能力可以让一个人在工作业绩方面表现卓越，那么良好的关系协调能力、团队合作意识和健康的身心状态就能够保证一个人面对复杂的环境仍然具有辨别是非、善恶、美丑的能力，同时也能够帮助一个人在面对成绩或困境时能保持谦逊谨慎的态度。若要培养优秀的职场人才，高等教育阶段就必须开始重视智商和情商的双向教育，美育的实施则契合了这一要求。一方面，美育能够以美益智，这是因为以情动人的方法能够让学习主体在身心愉悦的状态下轻松地学习知识，提升理性思维能力；另一方面，美育能够以美促德，拥有良好审美能力的人可以辨别高尚与低俗、美好与丑陋，这是提升道德水平的重要前提。在审美活动中，大学生在身心愉悦的情况下，其理性思维能力和道德水平均得到了提升。因此，当我们不遗余力地推动美育课程建设时，就意味着越来越多的大学生可以享有一种"以情动人"的育人方式，同时也意味着学生们可以在轻松愉悦的教学情境中去感受知识的力量，去认识道德的价值，去体验生活的美好。

（二）促进德智体劳的相辅相成

从德育的层面来说，美育由于其"以美促德"的重要功能，是高校思想政治教育中不可或缺的资源。第一，审美教育往往具有更加宏大的理论视野，它往往会打破学科之间的界限，也会破除既定观念的偏见，以开放包容的态度去吸收各个学科的理论成果，打开眼界，放宽胸怀；第二，审美教育关注的并非大学生在某一时间段的学习效果，而是整个人生价值的提升和内在素养的持续培育，从这个意义上看，美育能够体现出浓浓的人文关怀；第三，审美教育作为一种素质教育，关注的是每一个人的审美需要，而不是某一领域的精英或专业人士，高等教育阶段的美育教学当然也不会以分数为标准来划分"优等生"或"中等生"，这能够大大激励大学生的学习热情，从而能够鼓励更多的人积极主动地接受美育对自身性情的陶冶。只有全方位地认识美育的功能，我们才能够更加深刻地理解美育在育人过程中的机制，只有不断挖掘美育的功能，我们才能找出美育同德育之间的契合点，进而让美育更好地服务于当前高校思想政治教育工作，为实现立德树人的任务作出应有的贡献。根据德育美学观的主张，美育维度高校思想政治教育在育美的同时也在育德，让广大青年学生不仅追求美的创造与体验，而且在获得美感的同时也在潜移默化地积淀文化底蕴和人文修养，逐渐达成"尽善尽美"的人生境界。但需要指出的是，美育维度高校思想政治教育在育美的同时育德，来达到培养情操的目的，这与完全的道德教育是不同的。虽然德育也经常借助艺术达到提升学生道德境界的目的，然而，艺术在这里只是手段，伦理规范的教化和道德行为的塑造才是目的。而在美育思维的引导下，虽然也在育德，但是审美活动在这里并不是工具性的手段，而是一种重要的教育目标。用一个比喻来说明，美育中的"善"与"美"，就是在美育过程中，高尚的道德如盐进入审美的水中，让大学生在心灵震撼和情感满足的同时不断提高道德水平。可以说，这是一个多向度发展的过程，大学生在德化的同时也充分达到了情感满足的目的，正是由于美育的这种特殊性，人的全面发展的实现才更加需要美育的深入发展和广泛实施。由于美育中的育德是渗透于审美之中的，所以也就不像正式的德育那样更侧重于以理服人。然而，因为这种育德采取的是"以情动人"的柔性引导，它可以成为情操的一部分，其目的是以更为持久的力量和潜移默化的方式疏导大学生的情绪情感。

美育的一个重要特点在于以情动人，这种方法能够让大学生在身心愉悦的状态下轻松地学习知识，身心的健康又是智力不断提升的重要前提。身心健康的人，精力旺盛、心情愉悦、性格开朗，这对于形成清晰的学习思路和广阔的知识视野都非常重要。一个身体健康的人，总是充满生机和活力，在知识获取或理论学习的过程中不容易疲劳，学习的原动力和持久性也更强，学习效果自然也就事半功倍；一个心情舒畅的人，总是保持乐观的心态、广泛的兴趣、持久的热情、饱满的精神状态，这些都是不断获得知识的动力所在，拥有上述人格特质的学生在学习中会主动探索那些新的知识，习得新的技能，更容易形成创新思维模式。美育在愉悦身心方面的功能也是无可取代的，例如，当教师讲解一些抽象的哲学概念时，很多学生会绞尽脑汁地思考它的真正含义，如果教学手法过于单一，学习过程就会变得异常辛苦，进而导致一些学生失去学习兴趣，如果能够借助经典的电影片段或者根据教学内容设计一些适合课堂教学的小互动，那么学生的关注度和参与度都会大大增加，心情也变得非常愉悦，学习兴趣也被大大激发，在学生的头脑风暴或身体力行过程中，思路会变得更加清晰，视野也会更加宽阔，那么学生不仅仅会理解这些抽象的概念，而且会加强主动学习的热情，保持积极思考的学习习惯。由此可见，美育虽然关注的是人的情感体验和身心状态，却大大地提升了智育的效果。

正是由于美育所滋养的是人的身心，因此美育在"以美健体"方面也能够发挥重要的作用。体育锻炼能够强身健体，但这种锻炼必须长期坚持，这样一种持之以恒的意志品质也依赖于行动主体的兴趣和热情，美育的功能恰恰就是帮助人们不断地形成兴趣和热情。在现实生活中，以美健体的思维已经渐渐地被人们所接受。例如，大学时代的体育课程包括了健美操、体育舞蹈等常见的健身方式，它们都是力量与美感的结合，人们伴随着优美的旋律去舒展身体，踏着轻松的节拍去锻炼四肢协调力，美的意境大大增加了人们对健身运动的兴趣。这样的美感让人们在体育运动中变得更加健康，更加愉悦，校园生活也更加丰富，大学生在体育运动中锻炼自己并形成健康自信的心态，日常生活也因为有了这样的审美活动而变得更加美妙。"以美健体"的思路不仅仅体现在一些体育项目中，也常常体现在人的日常生活场景中。例如，一些人在照护花草、设计盆栽等园艺活动中培养了生活情趣，感受到了生活的美感和艺术创作的快乐，同时也锻炼了自己的手眼协调力，收获了心灵的愉悦，也收获了身体的健康。

美育在我们目前所大力倡导的劳动教育中也发挥着重要的作用。劳动从它的本真意义上看就是一项审美活动，因为它作为一种自由自觉的活动充分体现了人的创造性。当劳动表现出自由自觉的属性时，行动主体总会精益求精、追求卓越。例如，一个真正的画家，一个摆脱功利主义束缚的画家，总会精雕细刻，精益求精，直到他认为创作出一幅卓越的艺术画作。在这样的劳动中，人们才会真正拥有成就感和愉悦感。因此，美育思维的倡导不仅能够增加劳动的趣味性，也能够让我们更加懂得劳动的真谛，更加珍惜劳动的机会。劳动教育目前正在被大力倡导。2020年3月，中共中央国务院印发的《关于全面加强新时代大中小学劳动教育的意见》指出，"劳动教育是中国特色社会主义教育制度的重要内容，直接决定社会主义建设者和接班人的劳动精神面貌、劳动价值取向和劳动技能水平"。2020年7月，教育部印发了《大中小学劳动教育指导纲要（试行）》并强调，劳动教育"是全面发展教育体系的重要组成部分，是大中小学必须开展的教育活动"。作为生逢其时的一代，作为承担民族伟大复兴历史任务的时代青年，当代大学生是否具备正确的劳动观对于其成长为高素质的劳动者具有重要影响。正因如此，对新时代大学生劳动教育的研究就显得尤为重要。从社会主义核心价值观的内容来看，青年学生敬业观的培养不能仅仅停留在理论探讨的层面，而是要通过劳动实践才能真正形成。正因如此，高校更应该增加大学生劳动教育，让他们形成热爱劳动、投身劳动、爱岗敬业的良好习惯，更为重要的是，劳动教育若要深入人心也需要"以情动人"的引导方式，让大学生能够感受到劳动的价值，通过自己的行动力和创造力实现理想，服务人民，真正将美好生活的实现和劳动创造联系起来。实际上，劳动教育的成果能够体现在各类专业知识的学习过程中，因为只有行动，只有通过持续不断地深入实践去检验我们的知识，人的专业素养和专业水平才能真正得到提升。从这个意义上看，若要真正实现"人的自由全面发展"，必须将劳动作为实现这一追求的动力源泉，新时代劳动教育将助力广大青年学生的自由全面发展。根据马克思主义的劳动观，劳动创造人，人们在劳动中逐渐实现智力和体力的协调发展，而自由自觉的活动恰恰是人的类本质。也就是说，劳动一方面通过变革生产关系推动整个人类社会形态不断向前演进，另一方面伴随着历史形态的更替，人自身得到更加自由而全面的发展。然而，马克思主义所追求的并不是某个人、某个群体或者某个阶层的全面发展，而是整个人类的整体性发展，这一点恰恰体现了马克思主义理论所蕴含的深刻人文关怀。因此，即使在物的依赖性社会中，人已经得到了一定发展，却由于私有制的存在，劳动失去了它的本真意义，沦为一种异化的活动。从这个意义上看，马克思的劳动观包含着强烈的人文关怀，这也决定了社会主义在任何阶段都在追求人的解放，人的发展伴随着社会进步，现代化的程度越高，人的发展程度也就越高。因此，在推进劳动教育时，必须让学生真正了解劳动的审美意义，将劳动和美好生活的创造联系起来，以此来激发大学生的劳动热情。若要体会劳动中所蕴含的美感，大学生需要深入理解马克思的"劳动"概念，并从审美价值论的视角来解读"劳动"的真正含义。美育维度的高校思想政治教育作为高校思想政治教育工作的一种创新，不仅通过更加生活化、个性化的方式论述了马克思主义劳动理论，而且采取了艺术化的表现手法再现了"劳动创造美"的健康审美观。

由此可见，美育能够和智育、德育、体育、劳动教育结合起来，无论何种教育，若想取得事半功倍的效果，受教育者必须热爱生活、身心和谐、追求美好，美育所塑造的正是这种全面发展的人。因此，美育是整个教育体系中不可或缺的资源，它的融入让高校思想政治教育在实现人的全面发展方面获得了更大的学科优势。

（三）贯穿人生不同阶段的持续发展

从人的纵向发展来看，大学生的全面发展是一个连续不断的过程，既包括此前儿童阶段和少年阶段的积累，同时当前所接受的高等教育也指向未来，为青年在今后为社会作出应有的贡献奠定了基础。美育贯穿于整个人生，在每个阶段的发展中都会起到重要的作用。

每个不同的阶段都有审美的需要，同时也都从事着美的创造活动，对美的追求贯穿整个人生，而审美需要的不断满足则促进了人的健康成长。即使人们在婴幼儿期，也会对悦耳的声音、悦目的色彩、温和的表情产生愉悦的反应，例如，婴儿也常常会随着悠扬的音乐挥舞着小手以表达愉悦的情绪，在这种愉悦感中，婴幼儿的成长环境也变得更加美好。到了少年阶段，审美需求方面有了更高的要求，这个阶段的人并不满足于一种悦耳的声音或者一些漂亮的颜色，而是对美好的事物有了一个整体的把握，尽管这种把握依然停留在感性层面。接下来的青年阶段，则会在一些作品中寻找美的形象，对美的理解也更加的深入，大学生正处于这样一个重要的发展阶段。例如，一些深入人心的影视形象或艺术价值较高的文学作品中的典型人物更容易受到青年人的关注和鉴赏。如果青年学生在这个阶段能够接受美育，形成一种健康的审美观，那么审美想象、审美感受、审美创造等方面的素养就会得到一个全面的提升，那么他们就不会被一些异化的审美观所误导。正是由于审美教育能够帮助他们形成健康的审美观，他们的心态也会更加积极乐观，这种心态体现在生活中就是坚定的自信、宽厚的态度、乐观的精神、务实的行动。放眼大学生的未来发展，如果他们的青年阶段处于这样一个良好的状态，那么在日后的生活中依然会满怀热情、积极进取，但又不会被功利主义等错误思潮所误导。中年阶段审美评价逐渐成熟起来，人们对美的定义不再集中于外在美的层面，而是综合地考量风度美、语言美、心灵美等内在的层面。这个阶段的个体更易于欣赏具有深刻内涵和艺术价值的作品，在共情的过程中感受艺术的力量。例如，阅读同一部小说，青少年阶段更容易被跌宕起伏的故事情节和主要人物的情感线索所吸引，发现文字之美，而中年阶段再去回顾就会关注书中人物的人格特质、处事方式和思维模式，也倾向于在具体的情境中评价人的言行，感受人性之美。到了老年阶段，审美立足于丰富的人生经验和深刻的生活体验，老年阶段对美的追求不仅仅来源于文字之美或风度之美，而且也来源于对人与自然和谐关系的感受。例如，很多老人喜欢照护花草，设计盆栽，这些园艺活动不仅让他们感受到生命的张力、生活的情趣，也让他们体验到了生活的美感和艺术创作的快乐，同时也锻炼了手眼协调力，在收获心灵愉悦的同时，也收获了身体的健康。

三 提升人际关系的和谐

马克思将人的现实本质界定为"一切社会关系的总和"，人际关系的和谐是对人的价值的一种重要认同。美育维度高校思想政治教育所关注的不仅仅是个体需要的满足和个体价值的呈现，而且能够通过美育和德育融通的模式帮助学生建立更加健康积极的人际关系。

首先，美育维度高校思想政治教育一方面依据审美原则，主张人与人之间的情感融通，另一方面则根据道德原则，倡导人们之间的价值共识，这两个方面形成了和谐人际关系的重要前提。人与人之间的情感融通往往存在于感性经验之中，这虽然只是一种直观而具体的体验，但这种直观的体验却更加刻骨铭心，难以忘怀。如果一个人的人际关系始终是和谐的，那么他就会在日常生活中形成一种和谐之美。而一旦人际关系方面出现了困扰，那么生活质量就会受到极大的影响。在高等教育情境中，人际关系虽然较为单纯，但也是多样化的。具体来看，包括师生关系、朋辈群体之间的关系、学生和管理者之间的关系、学生和家长之间的关系等，每一种人际关系的质量都决定着整个大学时代的生活体验。师生关系是大学生活中最重要的关系之一，它关乎学生知识获取、能力培养以及素养提升等。一个具备高尚审美趣味的教师能够自内而外地提升大学生的学习兴趣并激发学生自身的学习动机，避免学生由于单向度地追求排名或分数而影响道德水平、心理健康、身体素质、劳动观念、审美素养等其他方面的均衡发展。相应地，学生的审美需求或审美取向反过来也能够影响教师的教学热情，让教师获得一种愉悦、有序、和谐的教学情境，并主动探索那些适合青年学生有效需求和身心特征的教学手段、课程设计、教学方法等，也提升了教师自身在教学改革和教育创新方面的积极性。从审美化师生关系建构的角度来看，美育的实施对于教师和学生来说具有重大意义，师生在情感共鸣之中实现真诚沟通和有效交流，在追求共同信念理想的过程中彼此之间达成理解，这种理想状态的师生关系也能够推动校园文化建设朝着积极、健康、和谐的方向发展，为校园人文环境与校园制度环境增添和谐之美和秩序之美。如前所述的审美化师生关系，其实质是一种双主体关系，而非主体—客体关系，所以学生并不仅仅是施教的对象，而是能够积极汲取知识、培育自我、尊重理性的主体。基于美的规律，师生关系所寻求的和睦、协调、共享能够体现在双方的互动之中。一般而言，人际互动往往包括言语行为和非言语行为两个层面，师生关系的建构也应该从这两个方面考量。就教师而言，符合美感的言语行为包括学术语言、教学话语和生活语言的恰当区分和运用，会话过程中保持对学生的积极关注，注意话轮的合理交替。非言语交际行为对于师生关系的建构来说同样重要，很多的互动既要通过言传，也需要借助"意会"，尤其是随着课堂互动的深入，师生之间彼此更加熟悉和了解，双方也会通过表情、动作，甚至目光交流去判断对方的期待、意图、心态和情绪。对于教师来说，优雅的教态、流畅的肢体语言、得体的衣着、温和的目光以及恰当的手势运用都是传递关爱和理解的符号，能够让学生在课堂中获得美的印象，营造出更加和谐、积极、健康的师生关系。另一方面，学生作为教学情境中的另一主体，通过言语沟通和非言语沟通行为，呈现出青年人应有的朝气、乐观和热情，及时有效地反馈教师所传授的知识和信息，也向教师传递来自青年人的真实感受，教学相长，让教师在育人的同时也体验到获得感和成就感，这种关系同样能够营造出轻松、和谐、愉悦的审美环境。校园情境中，同样重要的还有朋辈群体之间的关系，包括同学间关系、室友间关系、在校大学生和往届学生之间的关系等，朋辈群体之间的关系状况影响着大学生的身心健康和精神风貌。友善的同学关系不仅仅有利于朋辈群体之间的知识共享和信息传递，而且也能够帮助塑造理性的认知、健康的情绪以及坚强的意志，这是代际关系所无法取代的。和同学关系相比，室友间关系具有一定的特殊性，彼此之间朝夕相处，接触更加密切，良好的室友间关系有助于培养大学生在人际沟通、自我照顾、尊重他人、时间管理和问题协调等方面的素养和能力。由于大学校园具有开放性，很多在校大学生在学习之余会选择到社会上做兼职，一些高年级学生则开始专业实习或求职进程，不可避免地会接触另一些朋辈群体，即往届学生。正确地处理这方面的关系，有利于大学生培养自身的社会能力、自我管理能力、职场沟通能力以及事务协调能力等，对于课堂教学来说这在一定程度上也是一种实践层面的补充，为今后真正进入职场和适应社会环境作出更加充分的准备。虽然上述三种关系之中，交往双方有所不同，但都涉及朋辈群体之间和谐、友善、真诚的沟通。美育维度高校思想政治教育，以审美价值论和德育美学观为基础，谋求情感层面的融通和理想信念方面的共识，倡导人际交往中的相互尊重、平等对待、积极关注和情感共鸣，无论是对于校内朋辈群体关系的塑造，还是对于校外朋辈群体关系的处理，都具有重要的价值。在大学阶段，代与代之间的亲子关系也发生了重要的变化。大学生已经成年，在人格结构、气质类型以及思维方式等方面趋于稳定，和父母之间的关系也发生了一系列的变化。例如，大学生渴望生活上的独立，但在经济来源上又无法完全脱离来自原生家庭的支持。不仅如此，大学生会发现自己和父母在思维方式与生活观念方面存在一定的差异，但也存在着一些同性。和婴幼儿以及少年时期相比，处于青年阶段的大学生虽然仍将父母视为亲密他人，但随着自身社会化进程的加速而变得更加独立，自我照护能力和创新思维能力也不断提升。如何在独立和依赖之间寻求自身和原生家庭之间的平衡？如何在承认差异的基础上继续和父母保持良好的亲子关系？这是青年学生需要恰当处理的重要问题。美育维度的高校思想政治教育一方面主张以情感共鸣为基础的和谐亲子关系，另一方面则倡导尊老爱幼、友爱礼让等公序良俗对青少年行为举止的规范，这对于当代青少年正确对待原生家庭和亲密他人具有重要的借鉴意义，也正是美育维度高校思想政治教育的实施，让"你陪我长大，我陪你变老"这种颇具温度的家庭观念成为一种共识。

其次，和谐的人际关系往往基于那些符合社会期待的价值共识，美育维度的高校思想政治教育倡导高尚的理想信念和高雅的趣味，在很大程度上避免了拜金主义、功利主义和道德相对主义等不良思潮对青少年的侵害。在审美层面区分美与丑、高雅与低俗，这是当代青少年的必修课程，也是抵御不良思潮的有效对策。就一般意义来说，我们鼓励人们通过合理合法的手段勤劳致富，但反对将金钱和财富作为衡量个人价值的唯一尺度；我们鼓励人们不断通过自身努力去实现美好的前景，但并不倡导唯利是图、自我中心的功利主义倾向；我们也承认社会生活的多元化和个性化，但反对缺乏价值判断的道德相对主义。对社会思潮进行价值判断，区分高尚与庸俗，这是实施美育维度高校思想政治教育的一个重要价值基石。实际上，在新媒体时代，人们通过多样化的网络平台接收各种讯息，我们可以看到乡村男孩的质朴纯真，可以感受到平凡人的无私奉献，也可以了解到科学人士在攻克难关时表现出来的无私无畏，这些社会现象从不同的方面诠释了崇高，从中我们能够感受到人性之美、气度之美和风貌之美，这些美感的产生往往基于我们的共同体验和共同价值追求。与此同时，我们也可以在多个媒体平台欣赏到柔美浪漫的古风歌曲、世代传颂的古典名著或时尚畅销的当代文艺作品，这一方面让我们充分感受到了传统文化的精粹，另一方面也让我们深入了解现代文明的优势。与此同时，我们也能通过同样的平台看到另一些现象。如炫富、网络暴力、过度消费、标签化、刻板印象等出现在人们的视野中，在青年网民之间引发了极大的争议。这些现象往往是拜金主义、功利主义、自我中心主义以及道德相对主义等不良思潮的表现。例如，近些年引起极大争议的"凡尔赛文学"。面对类似的现象，虽然很多网民在纷繁芜杂的网络平台可以保持冷静的头脑和理智的判断，但也有为数不少的人扰乱视听、乱带节奏，一切评价完全从自身的利益出发，甚至对一些当事人无故谩骂，无形中扩大了这些不良网络行为对青少年的影响，一方面不利于营造积极健康的校园文化现象，另一方面错误的思潮泛滥会导致青少年的偏差行为。面对复杂的网络环境，在高校思想政治教育之中引入美育维度有利于我们正确引导舆论，有效监控舆情。美育将"高雅""高尚"等观念以潜移默化和循序渐进的方式注入青少年的日常生活之中，让他们在认知、言语和行为层面不断完善，将高雅的趣味作为审美尺度，以高尚的品格作为价值理想。经过美育的不断陶冶，走在时代前沿的青年学生不仅能够养成健康的审美趣味，追求高尚的道德理想，而且能够在纷繁芜杂的网络世界和现实生活中辨别出"美与丑""高雅与低俗""高尚与卑劣"，这样的价值标准和审美趣味能够在大学生之间形成普遍的共识。

最后，美育维度高校思想政治教育倡导和谐健康的人际关系，能够有效避免"标签化""污名化"以及校园欺凌等问题。如前所述，美育维度高校思想政治教育能够帮助大学生形成健康的审美趣味和崇高的价值理想，在这样的情境中大学生的行为准则并不是"利己"或"排他"，而是"爱自己"和"利他"。这里需要说明的是，"利己"和"爱自己"是截然不同的两种价值观念。利己行为在大多时候会漠视他人的感受和需要，甚至有时候会损害他人的情感或利益。"爱自己"则意味着在与他人和谐共处的情境中去珍爱自己，积极关注自身的需要和感受，同时也尊重他人的需要和感受。美育的引入，让广大高校学生既能够意识到自己值得被善待，也能够意识到他人应该受到同等程度的尊重，避免将他人作为客体而加以标签化或污名化，进而有效避免校园欺凌等偏差行为。在社会心理学的视野中，无论是标签化，还是污名化，都是将某个群体作为异常行为者加以排斥或蔑视，这是一种非正常的人际行为。在标签化或污名化他人的过程中，作为主动行动者的人会忽略他人实际的认知、信念、情绪状态或行动，将一些正常的行为误解、误读、误判为偏差行为，导致他人被排斥或被漠视。作为被标签化或污名化的受动者则会从一开始的反抗或辩解逐渐转变为自我标签化或自我污名化，承受了标签化或污名化的不良后果。此外，标签化或污名化的过程还存在着另外一类不容忽视的行动者，即旁观者。旁观者采取的行动对标签化或污名化会产生一定的影响，如果旁观者只是冷眼旁观，或受主动行动者的影响共同标签化或污名化他人，就会增加受动者的羞辱感或自卑感，让校园关系恶化，甚至发生严重的校园欺凌事件；如果旁观者能够站在正义立场仗义执言或者制止一些人的标签化或污名化行为，则会降低校园欺凌事件发生的概率。美育维度的引入，更加人性化地诠释了高校中朋辈群体的关系，用"爱自己""热爱生活""关爱他人""利他"等理念引导学生的行为，以情感疏导取代单纯的知识传授，让学生之间产生真正的情感共鸣，也让每个学生都生活在健康向上的校园文化氛围中，宽容地面对他人的缺点或不足，在很大程度上避免了"怨恨""漠视""恐惧""蔑视"等负面的情绪或消极的态度，有效地抑制了污名化和标签化的现象，防止校园欺凌事件的发生。从这个意义上看，美育思维的引领对于理性行为的塑造至关重要，这可以从思想根源上营造"和谐""友爱""尊重""有序"的正确观念。

四　营造健康的校园文化

人并不是生活在真空之中，而是一种情境化和社会化的动物。社会学家托马斯曾提出"情境定理"，强调每个人对自己身处其中的环境都会进行一个主观定义，这种主观定义会真正影响人的行为。人对自身环境的定义并不是突然之间形成的，而是受其他社会成员的影响，这种影响是循序渐进的，是潜移默化且持续恒定的。处于青年阶段的大学生，他们在认知、品格、行为等方面都受到校园文化的影响和塑造，因此当代高等教育更需要一种良好的校园文化环境，在这样的环境中学生之间会彼此助力，诚信友爱，同时美育也要教育学生对自身所处的环境进行科学、理性的定义，汲取校园环境中积极的因素，不断培养自身在学习、工作和生活方面的能力与素养。校园环境中存在着一些对大学生行为、认知、品格影响深远的因素，而美育维度高校思想政治教育的实施有助于校园文化建设沿着和谐、积极、健康的方向发展。正如法国启蒙思想家爱尔维修所说："一切教育的技术，在于把青年放入一个适于发展其精神和道德的萌芽之环境的助力中。"① 由此可见，青年学生的成长并不是发生在真空之中，而是一定情境的产物，众多影响因素中校园风气的作用尤为重要，因此我们必须进行校园文化建设。校园文化建设可以分为物质文化建设、精神文化建设以及制度文化建设，美育维度的引入能够在上述三个方面起到积极的助力作用。

---

① ［法］爱尔维修：《论精神》，杨伯恺译，上海人民出版社2019年版，第115页.

首先，校园物质文化建设需要遵循美的规律。马克思在《1844年经济学哲学手稿》中强调美的尺度是人类行为的一个重要标志，"动物只是按照它所属的那个种的尺度和需要来构造，而人却懂得按照任何一个种的尺度来进行生产，并且懂得处处都把固有的尺度运用于对象；因此，人也按照美的规律来构造"①。如果从校园文化建设的角度去理解这段经典阐述，那么我们要在校园文化的建设中把握审美活动所固有的规律。遵循美的规律进行校园物质文化建设，主要体现在校园物质文化环境的建设上。具体来看，校园物质文化建设包括和谐庄重的校园建筑、优美怡人的景观植被、错落有致的道路铺设等，也包括建筑、植被、景观、道路之间的协调，物质文化建设所带来的美感则表现为身心与环境之间的和谐共鸣。这种美感能够不断激发学生学习热情，培养探索知识的兴趣，将知识学习和能力培养转变成一种积极主动的行动。唯有遵循美的规律，校园物质文化建设才能避免庸俗化的倾向，才能带给学生身心层面的愉悦体验。

其次，校园精神文化建设必须符合美的规律。和物质文化概念不同，校园精神文化建设关注的重点并不是物质形态的校园环境，而是一所高校精神风貌和文化特质的集中呈现。更进一步说，校园精神文化体现在师生的精神状态和言行举止中。因此，按照美的规律进行校园精神文化创造，主要体现在广大师生所展现出来的校风、学风、教风以及和谐师生关系的建构上。一方面，教师和学生体现了不同年龄阶段和不同社会角色的风采和风貌；另一方面，师生在互动过程中相互影响，教学相长，和谐相处。美的规律一旦在精神文化建设方面发挥作用，师生就会呈现出良好的精神风貌和文化修养，可以说校园精

---

① 《马克思恩格斯选集》第 1 卷，人民出版社 2012 年版，第 57 页。

神文化建设能够自内而外地提升学校整体的环境之美。

最后，校园制度文化建设必须尊重美的规律。校园制度文化是校园文化的内在机制和维系校园秩序的重要保障机制，它包括学校的规章制度、风俗传统、仪式庆典等。尊重美的规律，校园制度才能够合理高效，符合人自身的发展规律；尊重美的规律，校园文化组织才能够有序和谐，真正契合广大师生的需要；尊重美的规律，校园管理才能够真正被广大师生所接纳，各项管理制度才能够行之有效；尊重美的规律，校内分工才能真正发挥广大师生的才能和价值，促进各项工作的有序进行。

五　促进社会的协调发展

马克思曾经在《德意志意识形态》中提出，"只有在共同体中，个人才能获得全面发展其才能的手段，也就是说，只有在共同体中才可能有个人自由"[①]。这就意味着，只有在社会情境中生活的人才能实现其自由而全面的发展，不考虑社会共同体的自由是没有任何实际意义的。美育维度高校思想政治教育关注人的全面发展，强调人并不是原子化的孤立存在，而是社会关系的总和。美育维度的引入，让高校思想政治教育工作更加关注人在社会关系方面的和谐，从而有助于促进社会关系整体的协调发展，并动员全社会的力量共同为实现高等教育立德树人的目标而努力奋斗。

首先，社会关系的和谐符合美的规律。社会关系的和谐基于人们的主体间交往，在和谐的社会关系中，每个人都能够感觉到来自他人的积极关注和真诚对待，同样地，也会发自内心地同理他人的需要、

---

① 《马克思恩格斯选集》第 1 卷，人民出版社 2012 年版，第 199 页。

情绪或行为。可以说，和谐的社会关系并不仅仅基于共同的利益，而是一种来自内心深处的价值认同。社会关系中的价值认同来自人们对高尚道德品格的共同追求，这一点依赖于社会公众道德水平和审美素养的普遍提升，而广大青年学生在道德水平提升和审美素养培育方面拥有良好的机遇和优秀的师资条件。美育维度的高校思想政治教育一方面让学生在美的校园文化氛围中潜移默化地感受高雅的情趣，另一方面则将高尚的价值观念不断地注入学生的心灵之中，让受教育者能够在美的体验和善的观念中不断吸收营养，提升能力并发展综合素质，为和谐社会关系的建构提供坚实的基础。

其次，社会秩序的维系遵循美的规律。社会关系若要一直处于和谐的状态，必须以稳定的社会秩序作为保障。社会就好比一个富于活力的有机体，虽然社会生活的各个领域都非常活跃，但社会整体必须按照既定的秩序运行才能够保证社会公众生活的稳定。有序、和谐、统一都是美的本质的体现，社会生活的有序进行恰恰遵循这一规律。当代大学生作为未来社会的建设者，必须要明确这一点，才能以最佳的状态和饱满的热情投入今后的学习和工作中。美育维度的引入，能够让学生在思想政治教育课堂上体验艺术对人的熏陶，将美的规律融入社会生活，自觉践行社会规则，遵循公序良俗，保证社会生活在有序、和谐的状态中进行。

最后，社会整体的发展也是尊重美的规律的。社会整体的发展不应该仅仅考虑经济效益的增长，而要全面考虑生态环境保护和人民生活水平的提高等，这是一种综合、协调、可持续的发展，这种发展状态符合协调、有序审美规律。从宏观层面来看，美育维度的高校思想政治教育打开了人们的视野，让人们能够看到人类行为与自然环境之间的和谐之美；让人们能够理解社会不同方面之间在发展过程中所呈现出来的协调之美。在此基础上，人们能够养成一种科学、理性、和谐的社会发展观念。在这样的观念之中，人们会自觉地将他人、社会环境以及自然生态看作审美的对象，避免工具理性的片面发展，同时也避免了那种脱离社会情境的孤立存在状态。尊重美的规律，人们会将经济社会的进步、生活条件的改善和生态环境的保护等发展向度统一起来，并保证社会各个领域之间协同共进。

第二节　美育维度高校思想政治教育的效能

美育维度的引入，为高校思想政治教育增添了源源不断的活力。由于美育关注人的感性经验，主张在生活中发现美、创造美，从而形成了一种更具人文关怀的教育理念，让高校思想政治教育获得了更高的接纳度；与此同时，美育更加注重通过多元化的途径陶冶性情，塑造高尚的人格，让高校思想政治教育更富趣味性；美育所采取的教学方法不仅包括传统课堂教学中的讲授法，而且也会借助丰富具体的案例教学、小组讨论、戏剧欣赏以及情景剧表演等，更加契合青年学生的需要，符合大学生的审美取向，有助于高校思想政治教育以更为恰当的方法完善人的行为。

一　以全新的教育理念塑造价值观念

思想政治教育是一种价值教育，旨在塑造崇高的理想信念，美育和思想政治教育具有相同的目标和价值导向，并且美育更加关注人的感性经验，是一种更富人文关怀的教育理念。从这个意义上说，美育和思想政治教育相辅相成，各司其职，共同塑造着人的价值观念。

首先，当代审美教育所强调的一个重要观念就是美的体验来自我们的日常生活，我们所提及的审美活动，其主体是生活世界中的普通人，并不仅仅是那些成就卓越的艺术家。福柯、哈贝马斯等人都承认生活世界的审美属性。法国哲学家米歇尔·福柯在其晚期著作中提出了"生存美学"思想，这个时期福柯的风格既不同于早期知识考古学的解构主义倾向，也不同于他的权力谱系学分析。福柯所倡导的"生存美学"更具人文关怀，主张每个人的生活都可以变成艺术作品，成为审美的对象，每个人生存的意义也并不仅仅局限于衣、食、住、行，而是在艺术创造中不断地提升自身的价值。"与自我的关系具有本体论的优先性，以此衡量，呵护自我具有道德上的优先权"[1]。福柯所提出的"自我呵护"具有审美意义，也具有时代价值。福柯之所以有这样的主张，主要源自他对当代法国社会的透视以及对整个现代西方社会的反思。福柯在《疯癫与文明》《规训与惩罚》中通过极为具体的案例，以"疯人"和"囚徒"为研究对象，对现代社会中人的生存状况进行了研究。福柯的这种描述运用了谱系学的方法，并没有预先设定一个结论，而是像考古学家那样深入每一个历史时期所留下的"档案"中，观察这一时期人们对某一个特定事物或特定群体的叙事，试图还原人在特定历史时期的生存状态。福柯指出，看似高效、便利、自由的现代西方社会实际上存在着诸多问题。当然，导致社会问题的因素有很多，但其中的一个至关重要的因素则是工具理性对人的认知和行为的约束。在福柯看来，现代西方社会工具理性的极度膨胀主要表现为在"规训机制"下"规范化"的蔓延，社会的各个部门都按某种规范进行活动，从而使人丧失"自我"，因而，他呼唤"自我呵护"，把自己的生活"创造成为一件艺术品"。福柯所提出的

---

① ［英］路易丝·麦克尼：《福柯》，贾湜译，黑龙江人民出版社1999年版，第172页。

"自我呵护"并不意味着让自身脱离社会而孤立存在，恰恰相反，他主张人要在社会生活中充分展现自身的价值。从这个意义上看，福柯的"生存美学"思想将人的关注点从人与社会、他人的关系转到人与实际存在的人自身的关系。需要注意的是，福柯所提到的"自我呵护"重点在于人们要在自己的实际生活中发现美，在生活中创造审美体验，因此福柯将审美对象界定为生活本身。虽然福柯的命题依然带有浓厚的理想主义色彩和个体主义倾向，但他的"生存美学"也充分肯定了普通人的价值和生活世界的审美意义，强调每一个平凡的人都可以成为生活的艺术家，通过"自我呵护"将生活本身创造成"艺术品"，艺术也不再是一种阳春白雪、曲高和寡的存在，而是贴近生活，尊重人性的创造性活动。因此，生活不仅仅是"活着"，而是一种身心愉悦的体验，现代社会中人们也应该通过艺术化的创造活动去呈现自身独特的价值。

另一位当代哲学家哈贝马斯则在《交往行动理论》《现代性的哲学话语》等著作中分析了"生活世界"的概念，倡导一种"主体间性"的人际关系，这种关系有助于实现人与人之间的审美体验。"生活世界构成一个视域，同时预先提供了文化自明性，由此，交往参与者在解释过程中可以获得共识的解释模式"①。哈贝马斯这段话揭示了生活世界的特征，它是主体间视域的交织，同时也是一个交往中的共享背景。从美育维度进行审视，生活世界的存在意味着主体间情感上的融通、道德上的关爱以及情绪上的同理都成为可能，在生活世界中交往，主体更容易从情感层面去关注对方。第一，生活世界是一个关系性的世界。哲学领域的"关系论"是不同于"实体论"的重要范

①　［德］哈贝马斯：《现代性的哲学话语》，曹卫东等译，译林出版社 2004 年版，第349 页。

畴，它意味着打破主体—客体的二元对立。在社会生活中，关系性的交往方式消解了"我"和"你"之间的对立与分歧，这种方式更加关注"我们"之间所共享的那个视界，谋求一种价值共识，并追求共同体验。正是由于生活世界中存在着那么多的"我们"，所以社会关系才变得融洽、通畅、和谐、有序，这样的关系符合美的规律。的确，很多时候每个人面对相同的作品会产生不同的情感诉求和审美需要，但在生活世界中，当我们在价值层面上追求共识的时候，差异性的体验也会融通起来，求同存异，和谐共生，达到一种审美境界。第二，对个体来说，生活世界是主观世界和客观世界的辩证统一。从美育维度来看，美的规律具有客观性，协调、有序、统一、愉悦作为美的规律是普遍存在于日常生活中的，我们在欣赏艺术作品的时候也会参照这些规律。但另一方面，审美活动本身具有创造性，审美主体之间在生活经验和文化背景方面的差异会对审美活动产生重要影响，这体现了主观因素的影响。我们在日常生活中追求美的享受，既要尊重美的规律，也要关注自身的主观体验。第三，生活世界作为交往行动的背景，一方面建构着交往行动，另一方面则被交往双方的行动所建构。就生活世界的审美活动而言，不同的审美主体之间共享审美环境和文化视野，在价值层面形成共识，又在审美活动中彼此融通、相互理解、共同创造，在生活实践中不断改善审美环境。第四，生活世界具有日常性。从审美对象来看，我们并不需要刻意寻求价值连城的艺术品，生活中的普通物件都可以作为审美活动的对象，一个普通的杯子，公园里一朵盛开的花朵，我们自己的信手涂鸦都可以成为我们眼中的"作品"。此外，美的规律总是在日常生活审美中日复一日地发挥作用。我们作为"生活的艺术家"，在欣赏建筑、绘画、音乐、戏剧的时候总是尊重美的规律，以和谐、有序、统一、协调等指导我们的日常审美活动。

其次，美育维度的高校思想政治教育不仅寻求理性认知的提升，而且重视每个青年学生的感性经验。长久以来，哲学史上一直都强调理性对人类科技进步和社会发展的重大意义，尤其是理性主义和科学主义思潮在启蒙运动之后得到了空前的发展，直至 19 世纪末 20 世纪初，哲学层面开始反思理性的限度和感性经验的价值，打破了唯科学论和唯理性论的权威。如前所述，尼采是非理性主义思潮的重要代表，和叔本华、柏格森等非理性主义者相比，他的非理性主义美学思想更具现代意义。在尼采看来，现代社会的人不可避免地要成为悲剧中的角色，其原因恰恰在于人们陷入工具理性主义的膨胀中而不自知，却又错误地以为自己可以支配自身的行为，创造灿烂的现代文明，这是尼采从非理性的视角对现代西方文明的一种反思。但这里要说明的一点是，尼采并不是一个极端的悲观主义者，这是他不同于叔本华的地方，尼采并不认为生命是虚无，恰恰相反，他坚定地认为人凭借"强力意志"可以打破理性主义的限度，彰显人性之美，也可以实现自身的价值。他说："由于这种非文化的机械和机械主义，由于工人的'非人格化'，由于错误的'分工'，经济、生命便成为病态的了。人类的目的，也就是文化便看不见了，作为达到文化手段的现代科学活动，产生了野蛮化。"①

那么如何打破理性主义对人类行为的辖制？尼采将审美与艺术提到世界第一要义的本体论高度，提出艺术是"使生命成为可能的伟大手段"的观点。艺术在我们的生活中如何体现？尼采认为，真正能够体现艺术价值的并不是科学的进步或理性的深刻反思，而是以酒神精

---

① ［德］尼采：《瞧！这个人》，刘琦译，中国和平出版社 1986 年版，第 57 页。

神为核心的悲剧文化，这种悲剧文化和传统的理性精神截然不同，它通过感性经验呈现出来，幻化为激烈奔放的情绪，或是惊骇，或是狂喜，释放着美学意味和人性力量。的确，尼采的美学思想并非无懈可击，很明显他并没有摆脱德国神秘主义思潮的影响，但尼采却充分展现了感性经验的重要价值，为美育在大众之中的普及奠定了理论基础。大学校园以20岁左右的青年群体为主体，他们不仅需要理性的引导，而且也需要情感上的共鸣和生活经验的积累，采用多元化的教育途径更有助于青年群体的价值认同和对公序良俗的维护。每个人的教育背景和成长经历都有其特殊性，模式化的教育方法无法同理每个人的境遇，教育效果也受到限制。对于思政教育工作者来说，他们不仅仅是知识的传授者，更是观念的引领者和人格的塑造者，因此思政教育工作者有必要关注学生在身心方面的个性特征，因材施教，做好情感上的疏导，并且在此过程中构建一种更加融洽和谐的审美化师生关系。就目前的实际情况来看，很多高校的思政教育开始进行小班授课，为思政教师和学生之间的近距离沟通创造了条件，同时也为美育维度的引入提供了可行性。那么，从美育维度来看，学生的感性经验都包括哪些内容呢？第一，感性经验来自生活世界，具有个体差异性。每个学生并不需要每天沉浸在博物馆或者画廊去仰望那些大师的艺术作品，他们在自己的生活世界中就可以发现美，创造美。那些陈列起来的艺术品的确具备很高的审美价值和观赏价值，如果有机会面对面欣赏，人的艺术品味和审美趣味的确能够得到较大的提高。但美育的目的是培养生活中的艺术家，让每个学生都能够在自己的生活中感受到美的真谛。例如，有的人会在平凡的岗位上大放异彩，释放人性之美；有些人可能是某个领域的专业人士，为自己的领域做出了杰出的贡献，展现知性之美。因此，感性经验因人而异，每个人生活经历不同，创造出的美也会表现为不同的形式，感受到的美也具有个体差异。第二，感性经验的形成并不像科学实验那样，追求一个固定的答案，很多时候每个人的感性经验会随着个人的成长和成熟发生变化。例如，年少的时候阅读《红楼梦》会感动于宝黛之间的真挚情谊，感受爱情的美好，但随着生活阅历的增加，人们又开始惊奇于书中所描绘的中国古典建筑的壮美高贵、古代中医文化的博大精深、传统饮食文化的精致细腻以及古代服饰文化的华美秀丽。这些不同的感受来自不同人生阶段的感性经验，可以说这些经验的形成是对文本的深层理解，也是生活阅历不断丰富的产物。由此可见，感性经验对于审美活动来说有十分重要的意义，虽然感性经验短暂且多变，但更加直观、具体、真实，能够直接反映人们当下的感受。美育的实施关注了人们这种最直接、最真实的当下感受，从而对此进行疏导，提升审美趣味，为思政课程的价值引导提供了重要的基础。

二 以多元的教育途径培育高尚人格

从美育维度去考虑高等教育的育人途径，教育者应该更加关注受教育者的生活经历，同时又要关注学生那些直接、具体且真实的感性经验，这就意味着传统的知识传授已经无法完全满足青年学生的需要。对于高校教师来说，若要实现和大学生情感上的融通，让其通过美的体验渐渐形成善的观念，必须充分考虑教育途径的多样化，以实现思政教育立德树人的目标。这样一种崭新的理念需要教师和学生重新界定自身的角色，教师在此过程中并不仅仅是知识的传授者，还要扮演好引导者、对话者，甚至合作者的角色，学生则成为真正的主体，通过教师的恰当引导更加积极主动地学习知识和提升素养。

第一，通过翻转课堂的形式让学生进行主动的探索。

翻转课堂，原意为"Flipped Classroom"或"Inverted Classroom"，也可译为"颠倒课堂"。顾名思义，翻转课堂意味着对传统教学模式和教育途径在诸多方面的转变。具体来看，翻转课堂是指时间上的调整和学习主动权的转变。从时间上来看，翻转课堂重新调整了课上和课下的时间安排，课上的时间不再占据绝对的主导地位，慕课、微课、网课、知网等学术类的App为这种时间上的调整提供了技术条件和资源支持。从学习的主动权来看，学生在学习上更加积极主动，知识学习不是简单地记忆书本上的内容，而是主动发现问题，并在教师的引导下利用各类资源和技术手段寻求解决问题的方案，教师更多的时候是启发学生思考，培养其解决问题的能力，提升其综合素养。基于这种全新的教学模式，课堂的时间更加高效，师生之间的沟通也更加积极。但需要注意的一个问题是，虽然翻转课堂在以上两个方面转变了传统课堂中的教育模式，但在此过程中，高等教育的目标和内核并没有发生变化，师生之间教学相长、相互尊重的传统也没有产生根本性的转变，教师依然承担着传道、授业、解惑的职责，学生则要继续保持谦虚、勤奋和审慎的学习态度。那么，从美育视角来看，翻转课堂在何种意义上能够激发学生的学习动机，进而实现高校思想政治教育的目标？首先，教师对于一些较为简单或浅显易懂的知识或信息不再利用课堂时间重复赘述，为学生释放了大量主动学习的时间和空间，有利于营造更为轻松和谐的课堂氛围，激发学生自主学习的动机。对于那些简单且浅显易懂的信息，教师通过任务设定的方式布置给学生，并要求学生在课前完成自主学习。新媒体时代的技术手段和信息资源为这种自主学习提供了强有力的支持，在此过程中，由于每个人所掌握的资料都有所不同，学生在彼此交流的过程中可以互通有无，达到事半功倍的效果。其次，学生在课后拥有更多的自由空间，可以根据教师的引导自己决定学习内容，掌握学习节奏，规划语言的表达，统筹整个学习过程，在愉悦的身心状态中渐渐完成学习目标，这样的模式符合协调、统一、有序的审美规律。此外，在翻转课堂中，师生关系会变得更加积极、和谐、健康、融通，这同样是美的规律的体现。教师作为传道、授业、解惑的人，在翻转课堂中不仅不能缺场，反而要完成更加复杂的教学任务。他们需要对所讲授的知识内容更加熟悉，同时还要积极关注本领域的前沿问题和最新进展，最大限度满足学生的求知欲。更为重要的是，教师要合理安排学习任务，通过难度适中的任务目标引导学生主动学习，并对学生在自主学习中可能遇到的困难和提出的问题有所准备，随时随地给予学生适当的启发。因此，一旦翻转课堂得到成功尝试，教师的教学质量和学生的学习成效就会得到双向提升，这种内在的成就体验更容易美化和优化学习情境，促进思想政治教育的良性循环。

第二，倡导合作式学习，促进学习者之间的情感融通和价值共鸣。

就高校思想政治教育来说，学生之间共享一个教学情境，其中不仅仅包括文化知识、专业知识和沟通技巧等教师传授的学习内容，还有一些普遍性的学习目标、学习方法以及教学手段等。基于这样一种共享，学生可以共同完成学习任务，形成一种合作学习的关系。一般来说，高等教育中的合作式学习包括三个要素，即任务设置、合理分工以及效果评估。任务的内容由教学目标决定，数量不宜过多；分工则需要具体到每一个人，每一个学生必须确保自己能够认领一定的工作量；效果的评估则需要量化。学生之间虽然各自完成任务，但他们的工作会推动小组整体的学习进度。从美育的视角考虑思想政治教育中的合作式学习，学生之间作为朋辈群体，在合作中更容易进行轻松愉悦的沟通，讨论过程中也会采取更加有效的沟通策略，在情感层面实现融通，价值共鸣也更容易达成。

三　以个性化的教育方法完善主体行为

正是由于美育的实施总是潜移默化地影响人的行为，陶冶人的性情，所以美育维度的高校思想政治教育能够满足大学生在精神追求、人际交往和社会融入等方面的需要，这也注定了高校审美教育的方法要充分考虑学生的个性发展，采取更具人文关怀的方法去完善人的行为。作为高等教育的对象和学习活动的主体，大学生在言语行为和非言语行为两个层面都需要不断地提升，这两个层面都能够反映一个人的知识水平、个人能力和综合素养。美育维度的引入，能够让师生之间、学生之间的话语沟通变得更加文明、和谐、流畅，同时也能够让非言语行为更加优雅、得体，不断营造良好的校园文化氛围和审美环境。

（一）倡导文明语用完善言语行为

从言语层面来看，话语的表达既要体现和谐的关系，也应符合社会价值和一般语用原则，这样既能够保证沟通顺利进行，也能够让言语行为符合美的规律。然而，当人们面对新环境的时候，必须和陌生人进行沟通，言语表达就变得没那么容易，很多人并不喜欢过于"自来熟"的表达，另一些人则害怕陌生人之间的冷漠疏离。对于当代大学生来说，他们正处于从校园到职场的过渡阶段，面对的交往对象也总是在陌生和熟悉之间切换，很多时候需要一些恰当的引导使自己言行得体，给沟通伙伴留下一个良好的印象，也让自己在不同的交往情境中泰然处之。由于美育更加关注人们在生活世界中的情感体验和具体情境中的当下感受，接受过系统美育的人也更容易在社会交往中同理他人的情绪、感觉和行为，随着美育效果的逐渐呈现，大学生在交往中能够自动自觉地形成一系列语用原则并不断完善自身的言语行为。

哈贝马斯曾提出一系列普遍语用原则，这是建立理想交往语境的尝试，哈贝马斯称之为"有效性宣称"。基于这样一套原则，行动主体的话语实践作为主体间的沟通，建构着生活世界，而生活世界又构成话语实践顺利进行的背景。哈贝马斯提出的语用原则对于大学生之间的交往依然具有一定的价值，在一定程度上也符合审美规律，但由于时代的变化，如今所倡导的语用原则也应该有所调整。具体来看，我们可以从四个方面来理解哈贝马斯的普遍语用原则。

第一，交往中的话语必须符合客观实际。这是话语沟通中最为重要的原则之一，这个原则要求我们在对话中的描述必须是外在客观事实或社会现象的真实反映。实际上，很多时候人们在交往中会接受一种"善意的谎言"，尤其是那些自我价值感不高的交往行为主体，但如果原则需要共享，那么每个人都有一种预期，那就是"我期待他人如何对待我，我就以同等的方式对待别人"。这就出现了一个问题，什么时候我们需要实事求是地进行事实判断，什么时候人们可以接受善意的谎言？美育的实施，能够帮助人们去同理交往对象在当下的现实感受和情绪状态，实现有效的话语沟通。例如，长期接受美育的学生，总是给人一种"善解人意"的印象，因为他总是不断地协调语言和语境之间的关系，不断关注人与人之间的情感融通。

第二，礼貌原则的慎用。礼貌原则是传统文化对人的一种内在要求，在当代的交往情境中同样适用。但需要注意的一个问题是，礼貌并不等于虚伪的客气，而是要基于第一条中提到的客观性原则，否则我们提倡的礼貌就会变成虚伪的客套，反而给人一种疏离感。例如，当一位成绩平平且自我评价不高的朋友即将面临一场重要的考试或面试的时候，我们如果仅仅根据礼貌原则去断言他一定会取得成功，那么我们可能无法真正地激励到他，因此，我们的鼓励不能失礼但又不可盲目客气。接受审美教育的人并不会误用礼貌原则，而是根据具体的语境运用符合当前氛围的话语以达到激励对方的效果，"考试的确很难，但它值得我们每个人为它而努力，所以无论结果如何，只要你尽力了，付出本身就是有价值的"。

第三，话语的可理解性和可接受性。主体之间的交往不仅仅追求对客观事实的真实反映，更应该遵循社会规范，让我们的对话可理解、可接受。即便是接受了高等教育的大学生，也不能脱离社会生活，一味追求精致的语言，而忽略对话的真正意义。当代语言学家普遍认为，语言不仅是沟通工具，它还可以在一定程度上建构社会实在，社会角色的建构和社会评价的形成很大程度上依赖于我们的表达，因此我们的言说必须可理解、可接受，否则会造成角色混乱或评价无效。美育的实施，让学生的言谈更加的生活化、通俗化、情境化，总是给人带来如沐春风的暖意，也能够让沟通对象感受到善意，从而使自身的话语更容易被理解和接受。新媒体时代，越来越多的人喜欢追赶潮流，使用网络流行语，接受审美教育的学生并不会拒绝潮流，对流行语视而不见，但也不会盲目追求时尚，他们既能够善用网络语言，让自己的表达更容易被理解和接受，同时也能保持自身的语言风格，塑造属于自身的社会角色。

第四，真诚表达原则。主体的表达在形式上必须让对话伙伴感觉到自己的真诚。和客观性原则不同，这一原则并不关注交往主体的描述是否真实反映社会现象，而是强调我们在语词、句子结构、话题等方面的选择上能够让对方理解并信任，这需要我们时刻关注对话伙伴的话语中所包含的态度、倾向，乃至情绪状态，一旦我们无法积极关注交往对象的表达内容，就会让对方形成一种不适感，他们会认为我们敷衍、漠视，甚至虚伪，以致此前建立起来的对话关系无法保持下去。因此，若要让交往顺利进行，行动主体所要做的不仅是在交往行为发生的时间点瞬时关注对方的情绪或态度，而且需要预先了解其社会学特征，这是真诚表达的必要准备。美育实施的目的，不仅仅是让交往顺利进行，而且也要从情感层面潜移默化地实现和他人的融通，而情感上的融通又是通过细腻而真诚的话语实现的。一方面，对话的主题并不仅仅是宏大主题，更多的时候人们会谈论生活世界中的琐事，甚至仅仅关注眼前的一个具体情境，主体之间在这个过程中实现情感沟通。另一方面，言语行为主体并不会盲目运用礼貌原则或客套话语，表达出来的信息总是符合主观世界的真实感受，即使主观感受与对方不同，接受美育的人也会选择符合情境的话语让表达变得可理解、可接受，让交往能够顺利进行，避免出现因意见不合而导致的尴尬局面。

（二）关注非言语行为的效用

美育的引入有助于我们实现情感层面的融通，但美育的实施并不仅仅依靠"言传"，很多时候"意会"可以达到更好的沟通效果。在这种情况下，非言语行为的有效运用是审美教育的另一种人性化的实施策略。和言语行为相比，非言语行为能够表达更为丰富的内容，具体包括目光注视、表情、衣着、步态、空间距离、身体语言等，这些符号能够更加有效地实现师生之间的情感共鸣和相互理解。

和言语行为一样，非言语行为也存在于交往主体之间。在高等教育中，师生之间、朋辈群体之间的非言语行为能够在多样化的交流方式中传达出更为丰富的意义。随着课堂互动的深入，师生之间会通过表情、动作，甚至目光交流去判断对方的心理活动或情绪状态。对于教师来说，优雅的教态、肢体语言、得体的衣着、温和的目光以及恰当的手势运用都是传递关爱和理解的符号，能够让学生在课堂中获得美感，孕育一种和谐、积极、健康的师生关系。很多时候，即使教师在运用话语进行沟通，但他的非言语行为也会起到非常重要的辅助作用。例如，当教师聆听学生的发言时通常会表示肯定、鼓励或赞赏，但仅仅依靠话语表达会让课堂气氛较为紧张，这种紧张感会影响学生的课堂状态，如果辅以微笑、点头、积极注视，则有助于调节课堂气氛，加深师生之间的情感交流，其效果事半功倍。这不仅使学生的抬头率和出勤率提高了，而且轻松的课堂气氛也能够真正激励学生的学习热情和参与课堂讨论的积极性。随着美育观念的深入，越来越多的教师在教学实践中不断提升自身的美学知识、审美能力和审美素养，他们懂得运用美的规律去协调言语行为和非言语行为之间的关系，为高等教育的高质量发展做出贡献。大学校园中，朋辈群体之间的交往也需要非言语行为的有效运用。接受美育的大学生懂得如何向自己的朋友、同学和伙伴表达自己的感同身受，这种表达融合了言语行为和非言语行为，增强了大学生之间的情感沟通。

这里有一个问题需要说明，由于非言语行为在个体互动中发挥着重要作用，很多学科都将它作为自己的研究对象，如语言学家将非言语行为作为传达意义的符号，心理学则把非言语行为作为心理咨询的辅助技巧，社会工作领域也主张善用非言语行为去同理案主的实时境遇，让案主能够表达自己内心的真实需要。美育同样关注情感融通和价值共鸣过程中的意义表达，也积极融合了其他学科的研究特色，但和其他学科相比美育对言语行为的运用也独具特色。一方面，非言语行为的运用不仅关注个体内部的身心和谐，个体之间的情感融通，而且也根据美的规律追求个体和环境之间的协调一致。例如，教师在授课的时候教态优雅，目光温和，不仅协调了自身内心活动和外部行为之间的关系，而且促进了师生之间的情感沟通，同时也通过自身的行为去营造愉悦的课堂气氛，这种气氛反过来又优化了自己的课堂表现。另一方面，从美育维度来看，非言语行为的运用旨在追求一种崇高的意境美，而不仅仅关注某些具体的问题。的确，语言学、心理学等学科的研究成果为美育的实施提供了宝贵的资源，尤其是在解决课堂问题和激励学习动机方面。教师可以借助倾听、话语分析、积极关注、情绪管理等方法更好地理解学生的状态，但美育的目的并不仅仅停留在沟通层面，更重要的是借助无声胜有声的方式去陶冶学生的情操，培养良好的审美趣味，这是审美教育的特色之所在。

第五章　美育维度高校思想政治教育的提升空间

　　虽然审美教育的重要意义已经被越来越多的人意识到，但若要真正将美育维度引入高校思政教学依然需要各方力量的协同推进，包括专业师资力量的质量优化，教育资源的深入挖掘以及受教育者审美能力的培养等，唯有如此，美育维度高校思想政治教育的质量才能得到不断提升。新媒体时代网络技术的高度发达和高校思想政治教育改革创新的深入，为我们探索和创新美育实施的路径提供了一个契机，但与此同时，美育维度高校思想政治教育的推进依然面临着一些现实困境，面对这样的情况我们有必要准确分析产生这些困境的原因，并充分评估美育维度的缺失给思想政治教育带来的影响。为了说明美育维度的缺失对高校思想政治教育的具体影响，本书在撰写本章内容的过程中对十几位具有丰富教学经验的思政教师进行了访谈，以此为依据着力分析美育维度高校思想政治教育的提升空间。

第一节　推进美育维度高校思想政治教育的现实困境及其原因

一　推进美育维度高校思想政治教育的现实困境

（一）师资的综合素养需要进一步优化

就师资的数量来看，当前的美育教学依然需要大量的具有美学、文艺学、艺术学等专业背景的教师，而且目前从事美育的教师在审美能力和审美素养方面也需要进一步优化，以满足大学生的审美需求。

虽然目前的高校教师大多具有硕士和博士学位，但真正美学出身的专业师资数量却依然有限，而实际上专业师资力量的大量培养会推动美育的高质量发展。若要真正实现美育同思想政治教育之间的结合，专业师资力量就要被科学地界定。这里的专业师资不仅包括那些文艺学或美学专业出身的教师，而且也包括那些拥有美育教学经验的教育者或研究者，而关键之处则在于教师的胜任力。的确，就目前的专业发展和学科建设来看，越来越多的高校设置了美学或文艺学专业的硕士点或博士点，而且一些高校教师也有意愿投入大量的精力和热情从事美育的研究和教学，为高校美育事业的发展做出了不容忽视的贡献。然而，专业师资力量的高质量发展依然需要进一步提升，以保证美育高质量、高效率地融入思政教学。

首先，虽然美学或文艺学专业毕业的高学历教师所占比重越来越大，但是他们的专业知识更多用在了科研领域，教学方面的研究与投入依然需要进一步加大。的确，就高校教育工作者来说，科研能力的提升能够体现自身在专业学术领域的价值，一系列成果的发表也能够让自身的科研水平得以量化，但是一旦科研和教学完全脱钩，或者科研成果无法应用于教学，那么高校思想政治教育的质量就会受到影响。一方面，高校教师用于科研和教学的时间都是有限的，一旦二者之间出现脱钩，那么用于教学研究的时间就会被占用，进而无法保证将充足的时间和精力投入课程准备之中；另一方面，虽然随着美育地位的不断提升，相关领域的论文、专著等成果数量也大幅增加，但是这些科研成果尚未完全用于高校美育教学实践之中，以科研反哺教学的模式也尚待探索。如果美育教师投入教学准备的时间无法得到保证，那么美育的高质量发展也就难以实现；如果美育研究依然停留在理论反思层面，那么美育教学实践也会缺少理论指导，以致美育的发展无法真正惠及广大青年学生，审美能力的提升和审美素养的培育也无法真正实现。有鉴于此，我们需要采取一些行之有效的措施，保证那些拥有专业教育背景的教师能够在思想政治教育中投入足够的时间和精力，让美育"以情动人"的本质特征能够在教学之中得以充分发挥，使教师在教学中发挥自己的专业优势，进一步促进高校思想政治教育的高质量发展。

其次，一些非美学或文艺学专业毕业的教师在进修的过程中虽然非常注重对美学知识的学习，但相对而言在审美能力的提升和审美素养的培育方面的投入却十分有限。正如一位老师在访谈中提到的那样："当前，对于思政课中的美育，顶层设计不够，教师认识不足，教学效果有限。从思政课教材来看，教材中鲜有涉及美育的教学内容。在教师层面上，教师对于什么是美育以及如何进行美育也需要有一个清晰的认识，虽然在感性层面知晓进行美育的必要性，但尚不能将美育贯彻到实际教学中，也因此使美育效果大打折扣。"实际上，很多非美学专业出身的教师对美育教学抱有极大的热情，对于"以情动人"的教学模式也在努力探索，不仅如此，很多勤奋的教师也会因教育背景而选择不断地进修，以提升自身的教学胜任力。如前所述，美育教学的胜任力由美学理论知识、审美能力以及审美素养三个方面构成，因此仅仅进行理论知识的学习还远远达不到新时代美育发展的需要。不可否认的是，非美学专业的青年教师首先必须进行理论知识的学习以确保自己拥有坚实的知识基础来满足教学需要，但审美能力和审美素养的提升则需要长期地积累和实践。对于非专业出身的教师来说，他们对于能力培养和素养完善有更多的需要，但这方面的进修更多的还是依靠阅读、鉴赏一些经典的文艺作品，或者关注一些美学家或文艺理论家的研究成果来拓展理论视野。有鉴于此，面对目前专业美育教学能力提升的需求，思政教师或相关研究者应该反思如何不断加强美育专业师资力量的培养。

（二）美育资源相对有限

美育实施过程中，不仅需要师资力量的专业化发展，而且也需要一定的硬件条件，也就是相关的美育资源。目前来看，我们所拥有的相关资源主要以各类知识资源为主，包括图书资料、电子数据等。但仅凭这些依然无法满足推进美育发展的需要，因为审美活动并不是单纯的知识学习，还包括美的体验和创造。就当前的实际情况来看，虽然美育的重要意义已经在高等教育领域成为一种共识，但是依然存在以下几个方面的限度。

第一，教师依然需要提升自身专业素养的契机。实际上，就大多数高校思想政治教育的教师来说，无论是美学专业的毕业生，还是那些跨专业型人才，他们都对思政教学怀有极大的热情，保有真挚的情怀。正因如此，大多数从事一线教学的教师在继续深造和能力提升等方面都有迫切的需求。正如一位拥有丰富经验的高校思政教师在访谈中提到的那样，美育教师自身要注重美的塑造，否则必然影响高等教育目标的实现，"如果教师缺少仪态美，就会降低自身的亲和力；如果教师缺少语言美和授课形式美，出现课件制作粗糙、板书书写潦草、语言表达逻辑混乱粗浅等情况，则会降低传授知识的吸引力；如果教师授课方式缺少体验美，仅限于传授知识理论，缺少感官体验，那么学生们就会对理论内容难理解，感到晦涩、艰深、抽象和枯燥，从而望而生畏；如果教师授课内容缺少理论美，不能融会贯通，理论知识捉襟见肘，会破坏思想理论的魅力，那么就会使学生失去对理论的信任和对知识的渴望；如果教师传授知识缺少现实美，不能很好地解决现实问题，不能彰显理论的现实力量，就会破坏学生对课程的信任"。实际上，就这些年思政教育事业的蓬勃发展来看，各级教育部门都能够提供良好的进修机会，对高校思政教师进行专业培训和能力建设，参加培训的教师也在不同程度上完善了自身的教育理念和教学能力。然而，在新时代美育发展的过程中，思政教师依然需要更多的专业培训。一方面教师需要在知识、能力和素养方面得到综合全面的提升，这是良好教学质量的可靠保证；另一方面教师也需要通过更加深入的进修去完善自身在心灵美、风度美和语言美等方面的修养，自内而外地提升自身在观念、品格以及行为等方面的综合素养，这充分体现了言传身教的重要价值，保证学生能够在思政课堂上获得真正高质量的审美教育。目前来看，美育方面的培养很容易被理解为美育知识的学习或者艺术技能的速成式提升，这些显然无法满足当前的需要。不仅如此，美育实施的范围较为广泛，既包括普通高等院校，还包括各类高职高专院校，从学生的专业来看既有人文类专业，也有理工类专业，这就对教师的专业素养和共情能力提出了更高的要求，因为教师必须根据所在院校专业设置的具体情况去开展美育教学，评估自己学生的真实审美需求、审美意向等，有针对性地开展美育教学。正是因为美育是具体的、生动的，思政教师才需要更多的高质量培训，在时间和精力都有限的情况下获得专业素养和授课能力的双重提升。

第二，美育教学过程依然缺少足够的素材。实际上，生活中并不缺少美育资源，只是运用到美育教学中的相对有限，这就导致了美育在实施过程中显得形式大于内容，教师很难找到合适而鲜活的案例，学生则难以真正了解美的真谛。一位教师在访谈中也提到了素材选取的重要意义："我们在具体的思政课实践教学中要注重教学内容的美和教学形式的美，例如在形势与政策课程的案例教学当中，教师应该不断更新教学案例库，紧密结合时事新变化突出时代感，在内容的表达上要情与理相结合、古与今相结合。"这位教师所提到的案例库建设是一个非常有效的实施路径，鲜活的富有时代性的案例能够增加思政课程的美感，容易引发学生在情感层面的共鸣。但我们若要及时更新案例库，高校思政教师和相关研究者必须具有一种宏大的家国情怀，对家事、国事、天下事要保持高度关注，对社会生活的各个领域也要怀有高度的热情。也就是说，如果教师仅仅局限于美育知识的学习而无法了解相关领域的前沿热点问题，那么课程的感染力也会逊色很多。因此课程素材的选取，需要教师和学生共同努力，否则就会导致案例过于陈旧，难以激发学习者的兴趣。由此可见，援引鲜活的具有前沿性的案例能够体现美育教学中的内容美和形式美。此外，很多学校的美学或非美学专业，尚未找到适合本校学生的教材，这就导致了两个方面的问题。首先，对于美育相关专业的学生来说，有时候会把阅读原著误解为提升审美素养、优化审美能力的唯一途径，实际上如果仅仅阅读原著，学生无法在课程中找到自己的兴趣点，这对于审美素养的长期积淀来说还远远不够。其次，对于非美育专业的学习者来说，如果教材的选取过于艰深晦涩，或者与自身的学科背景相去甚远，那么他们的学习热情就会大打折扣，这并不利于美育的大众化和通俗化发展。因此，在美育素材的优选方面，研究者和思政教师要考虑的内容既包括鲜活案例的运用，也包括教材的优选，只有解决了这两个问题才能推动美育事业朝着专业化、科学化的方向不断发展。

第三，授课过程中艺术作品的选择应该更加"精专"。实际上，每一位学生都有可能成为生活的艺术家，关键在于我们如何引导青年学生选取审美活动的对象。实际上，审美活动的素材非常广泛，包括日常生活中的事物、行为、观念，乃至情境等，素材的选择并不应该局限在那些小众的艺术机构或高雅的艺术藏品。但就目前美育开展的实际状况来看，一些教师在教学中依然会将目光局限在小众的艺术鉴赏或理论探讨范围，一些高校的美育推广策略也仅仅是设置艺术类的选修课程，这在一定程度上限制了学生对于审美对象的选择空间。也就是说，为了让学生能够真正获得体验美、发现美和创造美的契机，教师首先要成为生活的艺术家和鉴赏家，深入广阔的社会生活之中去寻求美的行为、美的品格以及美的事物，并且广泛涉猎经典的文学作品，而不仅仅去追求曲高和寡的艺术境界，因为这很容易拉开师生之间的距离。从这个意义上看，美育的实施过程更应该注重言传身教，教师自身的审美能力关乎教育效果；教师自身所呈现出的仪态、谈吐和风度会直接影响学生的关注率和参与度；更进一步来看，教师所关注的审美对象会在很大程度上决定着学生的审美旨趣。这也就是说，一旦青少年总是将目光集中在明星或"爱豆"身上，那么审美活动的意义就会被偏颇地理解，审美也会被限定在一个狭隘的范围内，以至学生难以在生活场景中广泛地寻求审美对象，原本存在于生活之中、行为之中、自然之境的审美资源也会被忽略，美育维度高校思想政治教育的发展也会受到影响。

（三）学生审美能力尚待优化

曾几何时，美的人物或事物都具有自身的辨识度，而不是千篇一律的"漂亮"，这种美直击人的内心，激发了心灵的震撼和情感的共鸣。我们依然以古典文学作品《红楼梦》为例，每一个人物都从不同的侧面展现着美，诠释着美。史湘云展现着英气之美，她在瑞雪琉璃之间割腥啖膻，把酒言欢；薛宝琴诠释了大气之美，她在青山绿水之间游历风景，谈笑风生；林黛玉展现着优雅之美，她徘徊于庭院深深之间，含蓄内敛，文采斐然。她们虽然在个性、举止、神态等方面都各不相同，却呈现出作品整体的古典韵味之美。虽然新媒体技术的发展给人们带来了前所未有的视觉盛宴，但美也被一些固定的标准所界定，审美活动也逐渐向同质化、流行化的方向发展。新媒体技术的发展，人们在审美活动中虽然能够获得更多关于美的信息，但是美的判断标准也会受到他人的影响，很多时候甚至会产生审美活动中的从众现象。这就会导致一个后果，审美活动开始跳脱出美学本身的范围，一些外在的功利化的判断侵入了审美活动之中。例如，很多时候人们会用"高富帅"来定义一个富有魅力的男孩，这个标准被很多人所接受。的确，一个男孩子如果同时满足高、富、帅三个条件，那么他当然会让人觉得赏心悦目。然而一旦高富帅成为一种标准化的审美取向，美的辨识度将会被消解，人们在生活中也只会看到一种美，其他类型的美很容易就被忽略了，美的多样性也会渐渐地消失，而心灵美、风度美和语言美也就丧失了它们应有的价值。实际上，"高富帅"并不足以概括全部的美的类型。与之相比，博闻强识的人更能展现出一种风度之美，让人真正地钦佩；谈吐优雅之人能够展现出语言之美，令人由衷地欣赏；宽容和蔼之人能够呈现出心灵之美，令人为之赞叹。上述对美的定义是纯粹的，且没有跳脱出美学的范围。而一旦用这种同一化的标准去置换美学意义上的标准，那么审美活动将会变得功利化和庸俗化，这也会导致青少年审美标准的异化和审美能力的退化。

由此可见，我们必须引导学生明确审美活动的本质，而不是将固化的审美标准传递给学生。然而就美育实施对象来看，一些学生由于受到庸俗化审美的影响，有时候并不期待通过自己的生活经验去发现美，也难以区分高尚的品味和庸俗的品位。尽管生活本身就是艺术品，但是由于同质化的审美标准总是通过各类信息平台迅速传播，以至一些学生放弃了对美的判断和鉴赏，这就导致高校美育在审美能力培养方面面临着一系列挑战。即使很多学校开设了美育方面的选修课程，但是由于一些学生放弃了对美的判断和鉴赏，导致这类课程形同虚设。不仅如此，"部分学生由于没有接受过系统的美育，难以形成正确的审美意识，对于一些具有较高历史价值、教育价值及审美价值的艺术作品缺乏鉴赏能力。部分学生由于受到自身和外界环境等因素的影响，鉴别美的能力不足，难以正确分辨哪些才是真正的美"[1]。

根据相关的研究文献和实际教学中的个案访谈，我们发现审美能力的培养中面临着以下几个方面的问题。

---

① 刘本利：《高校美育的现实困境及其发展策略》，《美术教育研究》2021 年第 7 期。

第一，审美标准固化。如前所述，新媒体在蓬勃发展过程中虽然取得了前所未有的成就，但在审美方面，一些信息的发布者和受众者并没有形成良好的审美鉴赏力和创造力，这就导致了一些人的审美标准被固化为某种特定的模式，这在一定程度上消解了美的辨识度。例如，一些青少年在浏览信息的过程中会过度关注高颜值的帅哥靓女，甚至直接将明星或偶像的样子作为美的唯一标准。

第二，审美对象狭隘化。如前所述，美育的一个重要目标就是培养生活的艺术家，实际上这是每个人在一定条件下都能够达到的目标，因此凡是社会生活中美好的品格、感人的行为以及令人愉悦的事物都可以成为审美对象。但是一旦审美标准被固化，就必然会导致审美对象的狭隘化，甚至一些人会将自己大部分的时间和精力用在明星和偶像身上。如此一来，生活中那些值得提倡的美好品格、高尚情操以及善良行为的审美属性都会被忽略，审美对象也越来越狭隘。实际上，那些在平凡岗位上默默奉献的劳动者具有一种朴实之美，为社会发展和科技进步做出杰出贡献的企业家、科学家则散发出智慧的光芒，他们身上的美也值得关注，而一旦审美对象狭隘化，这些真正值得关注的美反而被忽略。从这个意义上说，审美对象狭隘化这个问题必须得到妥善的处理，美育维度高校思想政治教育所倡导的健康审美观在一定程度上也是为了避免这一问题的出现。

第三，审美活动中的偏差行为。正是由于审美标准的固化和审美对象的狭隘化，一些人在审美活动中出现了一系列偏差行为。审美活动原本是为主体带来愉悦体验的行为，一旦审美对象被固定在了高颜值这一点上，那么很多"粉丝"会出现容貌焦虑、异化消费等方面的偏差行为，不仅不会带来美好的享受和体验，反而会给自身和家庭带来不必要的损失。例如，容貌焦虑会带来极为严重的影响，过度减肥瘦身、过度医美都不利于身心的健康发展，与之相应，一些人会将时间、精力、金钱大量投入减肥和医美之中，甚至超出自身和家庭的消费能力，导致不良消费、过度消费等问题。高校美育所倡导的健康审美观也提醒着高校教师和美育研究者对这一问题引起足够的重视。

二　影响美育维度高校思想政治教育推进的原因

（一）忽略美育的独特优势和特殊功能

如前所述，美育与德育之间具有明显的区分，所以美育并不应该是其他学科的附属。但是美育教学过程之所以会出现专业师资力量匮乏、教育资源有限以及学生关注度不足等问题，一个重要的原因就是美育的意义在教育理念层面并没有得到深入系统的阐释。具体来看，一旦美育和其他学科之间的区分程度不足或者美育自身的学科独立性及专业特殊性得不到澄清，那么美育依然无法引起社会整体的重视，美育也只能以知识传授的形式被引入思政教学中，这不仅不会在情感层面对学生进行由内而外的疏导，而且还会额外增加学生的学习压力和教师的授课压力，这样一来，美育教学实际上就是形式大于内容，无论是教师还是学生都无法正视美育在工作、学习和日常生活中的重要功能。

虽然学界就美育的重要功能已经达成共识，而且美育的重要意义已经在一些重要的指导意见中得到了说明和解释，然而美育的多重功能在教学实践中却依然无法得到足够的体现，这就导致了美育工作者在实际工作中的困难。为了避免这一问题，美育工作者以及高校思想政治教育工作者必须从理念层面意识到美育的独特优势和特殊功能，并不应该将其视为一种附加的手段。首先，教师必须要明确一个问题，就像檀传宝强调的那样，"如果美育没有区别于教育的东西，美育即等于教育；如果美育没有不同于德育的特质，那么它只有从属于德育。既然两个概念的相对独立性不存在，当然也就没有两个概念之间相互关系的真正理论说明。"① 由此可见，美育的独特性和特殊功能必须在理念层面和实践层面都得到说明，否则美育依然只会成为一种附属的手段或工具。进一步说，美育的特殊性一旦得不到明确的说明，教育教学实践也会受到极大的影响。这里所提及的美育之特殊性，主要包括美育在学科性质、功能、价值等方面的独立性。一旦美育的上述独立性得不到清楚明确的阐释，那么美育依然形同虚设。这样一来，教育工作者将会失去工作热情，学生也会失去学习动力，高校思想政治教育的创新也会受到影响。"这样的结果当然只能是教育对象审美、立美修养机会的丧失和由此而出现的学习上的被动和人生上的无趣"。② 因此，若要真正将美育维度引入思想政治教育，充分发挥美育"以情动人"的功能，从而通过更加多元化、科学化的方法实现立德树人的目标，教育工作者必须从理念层面先认清美育的独立属性和特殊功能，找准美育和高校思想政治教育的契合之处。但与此同时，我们也要防止对美育的认识走向另外一个极端，即美育万能论，似乎美育能够解决生活中的一切问题和烦恼，这样一种错误的认识同样也会导致人们对于美育的误解。

（二）传统理性主义思维模式的影响

我们知道，现代社会一直以来受到知识论传统的影响，强调人类理性的重大意义。正是在这样的背景下，很多高校中的审美教育也出

---

① 檀传宝：《德育美学观》，山西教育出版社 2002 年版，第 163 页。
② 檀传宝：《德育美学观》，山西教育出版社 2002 年版，第 163 页。

现了侧重知识，忽略能力与素养发展的情况。在这些年的高校思政课程中，虽然教师和研究者都不遗余力地探讨教育教学手段的创新，可是知识教学依然是思想政治教育的主要任务，美育在审美能力建设和艺术素养提升方面的功能还需要得到更加充分的发挥。

正是由于以知识教育为主导的传统模式，在很长一段时间内，学校的美育教学理论化倾向较为明显，部分学生也只将美育相关的课程作为获取学分的一个途径，却忽略了自身内在审美素养的提升，美育的真谛无法得到真正的体现。美育的授课方式也过于单一，仅仅采用知识讲授法，即使一些教师融入了多元化的数字资源，知识教育导向并没有得到根本性的转变。

实际上，美育和生活世界息息相关，我们的审美活动也不是概念和命题所构成的抽象理论体系，它更需要我们在生活中不断地体验与创造，这是一个实践过程，能够真正将美育的成果运用于生活之中。正因如此，一旦美育成为一种以知识传授为主的教育，那么就会出现以下两个方面的问题。第一，一些人在学习过程中专注于理论层面的反思，忽略美育的实践性，将美的创造和体验片面化地理解为对美育知识的理解和记忆，严重脱离社会生活情境，美育教学要培养的是生活的艺术家，而不是抽象的理论家。第二，美育中的艺术教育被过分扩大，美育会被误认为一种曲高和寡的教育，它的社会价值也无法得以充分实现。为了避免上述问题，美育"以情动人"的特征必须以更加贴近生活的方式被呈现出来，唯有如此，美育才能在高等教育领域发挥其应有的作用。如前所述，美育和艺术教育之间有着严格的区别，艺术教育的对象较为小众，如果过分地夸大会严重影响美育的大众化和社会化，这与"生活艺术家"的教育理念也并不相符。尽管一些高校会利用业余时间组织各类艺术节或艺术作品展览等活动，但是一旦学生将美育理解为小众化的艺术教育，那么他们也难以对这些活动保持较高的参与热情和关注程度。有鉴于此，理性主义的传统和单一的知识讲授模式无法真正地满足新时代美育发展的需要，我们在教学实践中应该采取有效的方式方法去进一步推进"以情动人"和"以理服人"在高校思想政治教育中的真正融通，让高校美育的内容和形式都更加贴近现实生活。

（三）新媒体技术的双重效应

时至今日，思政课程的改革创新初具成效，学生可以在网络化、数字化、多元化和个性化的时代获得更加丰富的视听感受，而教学视频、经典阐释、慕课、手机 App 等学习方式的高效运用也将教师和学生、课堂和课后、课内和课外联系起来，学生的学习兴趣和参与热情也被大大激发。然而就美育教学来说，新媒体的广泛运用却好比一把双刃剑，如果巧妙地将新媒体技术和网络平台资源用于学生审美素养的提升和审美能力的完善，那么高校思政教学的美育维度则会得到更好的呈现；但是一旦缺少正确的价值判断和专业化的师资力量，那么学生就会对多元化的信息内容难以分辨，对纷繁芜杂的社会现象无法给出正确的判断，在这种情况下，青少年无法辨别出什么样的信息和现象具有美的属性。

例如，一些网站、公众号、小程序以及手机 App 等往往会根据人们的"爱美之心"推出一系列颜值测试程序，这种形式的确十分新奇，并且能满足一部分人的需要，如果合理使用，也确实能给生活增添一些情趣和新奇的体验。然而，一旦缺少正确的价值引导，或者没有养成正确的审美观，那么人们就很容易产生过度的容貌焦虑，或者担心自己不够漂亮，或者介意自己身材不够标准，甚至会将大量的时间、精力和金钱投入到美容、瘦身乃至医美等领域，甚至在这方面的投入会大大超出自身的收入水平，导致一系列的偏差行为和错误认知。因此，高校思想政治教育工作者和研究者必须注意新媒体技术的双重效应，在运用过程中要把握正确引导、及时调整、策略得当等原则。只有当学生具有科学的审美判断力和较高的审美趣味，他们才能在纷繁芜杂的信息世界中做出正确判断，将技术的进步同高尚的价值理想结合起来。如果我们能够不断运用美育思维去引导学生追求高尚的品格，提醒学生学会理性的思考方式，疏导学生养成健康的心态，启发学生去探索和发现美的真谛，那么学生在学习过程中就会主动远离拜金主义、以貌取人、网络暴力以及道德相对主义等错误价值观和不良思潮，更加科学合理地运用数据技术和媒体资源，从而更好地接受社会主义核心价值观的教育。

（四）美育的社会重视程度尚待强化

大学生在进入高校之前，都经受过中考、高考的洗礼，很多人的童年、少年，乃至青年时光也都围绕着高考这个主要目标。正因如此，一些学生从小到大对审美活动缺乏全面了解，对审美体验、审美鉴赏和审美创造等活动也持有一种刻板印象。例如，一些人会将审美活动视为一种"不务正业"，也有一些人将审美活动等同于艺术技能的提升。实际上，对美育有这种刻板印象的人其思维依然被"一心只读圣贤书""学好数理化，走遍天下都不怕"的旧观念所引导。这种刻板印象实际上是对智育的过度强调，忽略了人的全面发展的重要意义，这种刻板印象的存在会给教学过程带来一系列困难。例如，一旦美育的刻板印象无法得到修正，那么教学过程中就难以运用多样化的教学方法和富有新意的授课方式，知识的学习更多的时候会采取逻辑思辨或机械记忆等传统的方式，情感上的疏导和价值层面的共鸣难以达成。尽管经过这些年的努力，大多数人已经开始意识到美育的重要意义，但一些人只是将美育视为艺术类的素质教育，对于审美活动在个人素养提升、育人铸魂以及社会和谐发展过程中的功能和价值尚未形成全面的认识。若要让美育在社会范围内被广泛了解，那么相关研究者还应该在社会范围内不断地推动审美活动的大众化和社会化。

第二节　美育缺失对高校思想政治教育的影响

本节内容有一定的现实依据，本书在撰写过程中对十几位有着十年以上教学经验的高校思政课教师进行了访谈，他们在访谈中分析了美育维度的缺失对高校思想政治教育的影响，从教学手段、教学视角、师生关系、教学深度、人才培养以及校园文化建设等方面进行了全面的分析。

一　美育维度的缺失影响高校思想政治教育的理论视野

就目前高校思想政治教育的发展情况来看，依然以课堂教学和学校教育为主，因此课堂教学对大学生思政教育起主导作用。在思想政治教育中引入美育维度，能够将课堂教学拓展至其他领域。在社会生活的各个领域，人们所接触到的优秀文艺作品等都可以成为思想政治教育开展的空间和场域。例如，哲学原理中涉及的认识论部分，我们需要对"知觉"这一概念进行讲解，如果仅仅进行字面的释义或者哲学阐释，那么学生很容易和其他相关概念混淆，但美育思维的引入，使我们可以借助更多的经典文学作品或传统文化中对人物、事物以及景物的全面精准描述，以拓展学生的想象力和理解力。一旦美育维度缺失，课程就会变成纯粹理论知识的灌输，学生也会更侧重于逻辑思维的训练和记忆力的锻炼，而同样重要的想象力、感受力、鉴赏力、创造力等审美要件则会被忽略，那么思政教育则容易被误解为一种理论教育或者应试教育，课程本身的可拓展空间也会受到限制，效果也无法保证。因此，只有充分发挥美育的功能，思政教育才会获得更为丰富的内容，课程本身也会更贴近学生的实际生活。

二　美育维度的缺失矮化教学视角

如前所述，高校思想政治教育属于规范性教育的范畴，主要通过"以理服人"的方式让学生在理性思考中逐渐了解并认同社会规范和公序良俗。与此不同，美育则侧重于心灵层面的探索，主张从学生的需要出发去关注他们的身心健康，倡导个人和社会之间的协调发展，以美益智，以美养德，提供了一种崭新的教学视角。在美育思维的作用下，学生在心灵意识层面能够得到循序渐进的熏陶，渐渐地将高尚的理想价值信念内化于心。因此，美育维度的缺失将会影响这一过程的实现，学生的审美能力培养也会受到影响，就像一位经验丰富的思政教师在访谈中提到的那样，"思政课教育从长远来看是要培养新时代社会主义事业的建设者和接班人。美育通过审美活动自然萌发的情感使人进入一种崇高的精神境界，自觉产生对知识学习的渴求、道德行为的追求以及劳动的需求，也正是在这一融通中，思想政治教育的目标自然而然地就实现了。而一旦思政课的授课偏重于理论，偏重于说教，就会导致学生兴趣不浓，进而影响学生对思政课教学内容的学习情绪，这会在很大程度上影响授课效果"。据此而言，教师选择什么样的教学视角进行授课，意味着学生以何种体验学习课程内容。一旦缺少美育思维，那么高校思想政治教育的教学视角就会变得单一，学生接受的也仅仅是理性的启发，学习过程也会缺少情感方面的疏导和心灵层面的沟通，这并不利于学生理性能力和非理性能力的全面协调发展。

三　美育维度的缺失弱化大学生的学习热情

高校思想政治教育的深度不仅仅由理论讲授的深度决定，而且也受教育对象接受程度的影响。因此，如果只停留在对纯粹理论的抽象反思，缺少"以情动人"的作用机制，就无法真正激发学生的学习兴趣，就会影响课程本身的效果，也会大大降低学生的学习热情。若要保证学生对课程内容的关注度和参与度，教师应该将以理服人和以情动人统一起来，对抽象的理论学说进行形象化的讲解、具体化的叙述、感性化的阐发，让学生在增长智慧的同时也能感受生活的美好。以理服人和以情动人的统一，就意味着高校思想政治教育一方面要强调社会规范、公序良俗的主要内容和现实意义，另一方面也不能忽略新时代大学生个性化、多样化的生活体验，以保证科学理论能够适用于学生的日常生活实践。因此，一旦美育维度缺失，那么学生接受的过程就会变得缓慢，课程的进度和效果都会受到影响，即使教师的知识水平卓越，见解深刻，也无法将自己所学普遍化、大众化、生活化。

以《1844 年经济学哲学手稿》中的异化理论为例，"异化"是一个非常深刻的哲学概念，若要把它解释得十分清楚并不是一个容易的工作，如果我们仅仅是在学理层面对"异化"进行概念释义、内容阐释以及哲学思辨，那么学生难以对它的真正意义形成深刻的洞见，马克思主义理论的实践性和创新性也无法得到充分的理解。以美育思维引领思政教学，这个概念可以得到更加形象化、具体化的生动讲解，学生理解起来也更加轻松。例如，《摩登时代》中喜剧大师卓别林生动演绎了一个在私有制社会从事异化劳动的工人，借助艺术的形式，学生能够真正理解异化劳动的真实样态，进而感受到马克思主义哲学思想的理论价值和现实意义。一旦美育缺失，思政课堂则会变成纯粹意义上的理论探讨，失去了应有的表现力和感染力。

四　美育的缺失影响教师的创新意识

就高等教育领域来说，知识的传授要符合教学规律，尤其是要正确评估学习者在认知、行为、身心等方面的特点并因材施教。正因如此，目前高校思想政治教育的改革创新工作也在不断地探索适合青年学生的教育模式和教学方法，在这个过程中各高校的思政教师也纷纷借助多元化、个性化、时代化的方法进行授课，大大吸引了学生的注意力。就此而言，无论教师的自身美学功底如何，他们都能够运用以情动人的美育思维，这种思维启迪着教师不断地创新教学方式，并持续地探索同青年学生的沟通策略。在思政教学的创新与探索中，审美活动充分借助了优秀音乐作品、经典文学、趣味视频、鲜活案例等多样化的方式改变了理论课堂的讲授模式。正是由于美育是一种灵活、生动且有温度的教学方式，它才能启迪教师的教学灵感和创新热情，进而营造轻松、愉悦、美好的课堂氛围，构建一种审美型的师生关系。例如，高校思想政治教育的一个重要内容就是激发当代大学生的爱国情怀，在此过程中，影片的放映、音乐的欣赏以及文学作品分析都是学生喜闻乐见的形式，而且这些极富艺术气息的形式也是师生所共同喜爱的，能够激发共同的爱国热情，也能够营造良好的课堂氛围和教学情境。以经典歌曲《我和我的祖国》为例，这是一首旋律优美、主题鲜明、情绪饱满的爱国主义歌曲，在音乐欣赏过程中，学生会在优美的旋律和朗朗上口的歌词中充分感受歌曲的主题，发自内心地形成爱国情怀。由此可见，音乐的力量和艺术的魅力能够引人入胜，激发学生的真挚情怀和爱国热情，不断引导学生向往高尚的品格和行为。从这个意义上看，大学思政教学若要充分发挥教师的创新意识和创新能力，必须引入美育维度，这不仅仅会让教师以最大的热情投入教学，而且也会极大地丰富学生的审美体验。

通过访谈和相关文献的系统梳理，我们发现高校思政课教师对美育实施的重要意义和独特功能都具有较为全面的认识，他们也怀有极大的热情和信心在实施美育的过程中进一步推进思想政治教育的高质量发展。正如一位教师在访谈中强调的那样："美育在提升人的审美素养和文化底蕴方面具有非常重要的意义，它应该伴随人的一生。"尽管目前在师资力量、美育资源的拓展以及学生审美能力的培养等方面依然有较大的提升空间，但是随着相关教育政策的完善、学术研究的深入、教师自身审美素养的不断提升以及社会整体对美育重视程度的加深，美育维度将会以更加科学化、系统化、有效化的路径融入思政教育之中。

为何美育的缺失会影响思想政治教育的效果？若要理解这个问题，我们依然要回顾美育的独特功能。实际上，美育的与众不同之处恰恰在于，它必须要通过"情感教育"体现出来。情感乃是人类最重要的心理现象和心灵活动，假如我们的教育只重视知识的积累与理性的训练，却无视人的内心情感的引导与滋养，那么情感就无法得到有效的疏导，情绪也无法得到应有的重视。

实际上，随着现代科技理性的无限扩张，由于竞争所造成的片面强调知识的力量而忽略了人的情感，过分依赖于理性的控制力而压抑人的感性的释放所造成的问题，已经引起了许多思想家、科学家的反思。例如，哲学家雅斯贝尔斯在《大学的观念：什么是教育》一书中强调说："教育活动关注的是，人的潜力如何最大限度地调动起来并加以实现，以及人的内部灵性与可能性如何充分生成，教育是人的灵魂的教育，而非理智知识和认识的堆积。通过教育使具有天资的人，自己选择决定成为什么样的人以及自己把握安身立命之根。谁要是把自己单纯地局限于学习和认知上，即便他的学习能力非常强，那他的灵魂也是匮乏而不健全的。"① 这充分说明一个重要的问题，如果仅仅看重知识的力量和理性的价值，即使在短时间内可以取得成效，或者看到相当可观的"性价比"，但从长期来看，这种成效并不可持续，因为人的发展必须是全面且协调的。

---

① ［德］雅斯贝尔斯：《大学的观念：什么是教育》，邹进译，生活·读书·新知三联书店 1991 年版，第 25 页。

第六章　美育维度高校思想政治
教育的路径探析

若要真正体现美育维度高校思想政治教育的育人价值，实现美育和思政教育之间的融通，我们必须采取一系列行之有效的措施去探索美育实施的具体路径。从美育实施对象的角度来看，我们可以借助大数据技术评估当代大学生的审美需求与审美意向，在此基础上通过让学生鉴赏经典文艺作品提升审美能力和素养。从高校教师审美能力的发展和审美素养的提升来看，各个高校中的相关部门应以积极的导向进一步优化思政教师的专业美育水平。从教育资源拓展的层面来说，我们应借助信息平台的力量不断探索并拓展思政教学的美育资源。从美育维度高校思想政治教育的整体发展来看，我们还应不遗余力地倡导审美化教学话语的应用以进一步提升高校思想政治教育工作的感染力。从美育环境建设来看，我们则应该依据美的规律来建设良好的育人环境。

第一节　以大数据技术评估大学生的审美需求

新媒体时代，我们获得了更加新鲜、刺激、华丽的视听享受，生活节奏也变得更加高效快捷。的确，当代社会我们接收信息的途径多种多样，这大大丰富了我们的生活，但作为教育工作者的教师必须甄别信息的良莠，以保证学生能够被正确的社会观、人生观、价值观和审美观所引导。就美育的实施来看，新媒体时代，一个重要的特征是倡导和谐、有序、令人身心愉悦的审美标准，这种标准包括内在美、风度美和语言美，审美标准的设定不再仅仅依靠颜值的高低。这些年的文化建设也大大提升了大众的审美品味。但不可否认的是，部分信息平台、综艺节目或者医美机构仍坚持单一化的审美标准，片面夸大"颜值正义"的作用。实际上，我们倡导内在美、风度美的同时，也会欣赏漂亮的外貌和标致的身材，当然也不否认追求时尚给生活带来的乐趣，但审美标准单一化、片面化、庸俗化所带来的不良后果或审美焦虑也应该被人们所正视。

面对这样的现实状况，高校思想政治教育工作者应以社会主义核心价值观为判断标准，运用辩证思维来看待新媒体时代的信息平台和数据技术，善用时代发展所带来的数据技术进步和信息资源拓展，唯有这样我们才能在实施美育的过程中关注当代大学生群体的真正审美需求，进而达成他们的审美意向，因此美育维度高校思想政治教育若要取得长足发展和预期目标必须善用新媒体时代的技术资源，这是一种达到教育目的的有效路径。在实施过程中，我们可以采取以下几个方面的具体措施。首先，大数据技术的核心特征在于全归纳法的运用，这样的方法能够全面呈现出个体的相关信息，根据每个学生的个人信息和活动倾向，思政教育工作者可以按照教学目标更加具体地评估个体的审美需要。其次，新媒体时代的另一个特征则在于海量的信息资源，这些信息的广泛收集能够总结出当代大学生在健康审美观建构方面的整体需要，以此作为教学设计和课程设置的依据。最后，网上生活已经成为一种常态，大学生是各种程序软件的高频率使用者，善用这些软件能够评估他们在社会参与度和社会责任意识提升等方面的需要，高校思政教育工作者应该以此为依据制定美育实施的总体方案。

一　合理运用归纳统计法充分评估学生的个体需要

美育维度的高校思想政治教育在实施过程中，作为教育对象的大学生非常关注自身的个性发展。的确，个性的发展不仅能够体现出智慧的深邃，也能够释放出灵性的光辉，前者和人的认知水平有关，后者则集中反映个体的审美素养和艺术底蕴。正是由于每个人的个性特征不同，每个学生在接受美育的过程中也呈现出截然不同的审美需要。在这个过程中，个体在和他人的沟通中最大限度地吸取知识和信息，提升自身的智慧，增长才干，同时由于沟通过程并不局限于知识交换，很多时候沟通的是情感，个体之间在长时间的情感交流中彼此熏陶，身心在情感交融中变得轻松愉悦，有助于发挥灵性层面的个性特征。引入美育维度的高校思想政治教育，在实现立德树人目标的过程中，始终关注每个学生在个性完善方面的需要，将智慧的培养、人格的完善与气质的塑造结合起来，真正实现人在智力、道德、意志、审美、体魄等方面的协调发展。

那么作为思政教师，我们如何才能真正了解每个学生的具体审美需要？新媒体时代大数据技术的发展为审美需要的评估提供了技术支持。根据维克托·迈尔等研究者的观点，大数据之"大"不仅意味着海量信息资源所带来的冲击和震撼，而且也让传统的数据统计更加精准全面，一种全归纳统计技术开始被各个领域所广泛使用。[①] 基于对

---

① 参见维克托·迈尔、肯尼斯·库克耶《大数据时代：生活、工作与思维的大变革》，周涛译，浙江人民出版社2013年版。

大数据技术的认知，高校思政教育工作者可以将它运用在课程教学中，对每个学生的信息进行完全统计。就目前的思政教学改革来看，专职教师的数量逐渐增多，师生比也越来越科学化、合理化，教师在授课之前可以运用相关的数据统计技术更加充分地了解学生们的状况，这有助于教师评估学生在审美方面的需要。例如，理工科专业的学生拥有良好的逻辑思维能力，自然科学方面的知识基础也非常扎实，根据这样的个性特征，教师在授课过程中可以援引历史上著名科学家的先进事迹，详细阐释科学家的成功和他们所具备的坚毅品格之间的关系，这有助于学生在认知层面和情感层面的双重共鸣，进而向往那种高尚的情操和坚毅的品格，有助于理工科学生主动关注自身的个体审美需求，并通过积极的课程学习去满足这一精神层面的需求。

借助大数据技术的全归纳统计，教师对个体审美需求的评估将更加具体，课程效果也会得到一定程度的强化。正是由于美育维度能够正视大学生之间的个体差异，所以教育者能够较为敏感地意识到学生之间在生活境遇、家庭教育、社会阅历、文化修养等方面的不同之处，进而也能够理解他们在面对同一个审美对象时，会对正确与错误、优美与丑陋、崇高与庸俗、进步与落后产生不同的判断。如前所述，美育维度的高校思想政治教育对个性发展的关注，既是出于发展的视角，也是出于优势的视角。发展的视角将人的个性看作变化的和流动的，这种变化和流动通过个体与社会情境的互动可以实现，因此教育者有必要倡导一种风清气正的校园文化和健康积极的社会审美标准，保证个体在社会情境中不断地吸取积极因素，培育良好的审美观念。优势的视角则意味着教师在面对一些课堂问题时，应该充分发挥每个学生的个体优势去解决问题，一方面培养学生独立解决问题的自强精神，另一方面则帮助学生充分挖掘自身的优势去面对和解决问题，进而培养独立、自信、乐观、积极、勇敢的优秀人才。全归纳统计方法的引入，有利于思政教育者以更加客观、理性、辩证的态度去同理学生在完善个性发展方面的需要，这有助于我们评估每个学生的优势。正是基于这样的技术支持，美育在实施过程中能够让学生面对真实的自我，并挖掘自己的真正优势，凭借这些优势去寻找自我成长之路，在真实的生活世界之中认识和理解生活所赋予的审美体验和审美创造，不断完善个体自身的人格。

二　充分利用大数据技术全面评估学生的整体需要

大数据技术的另一个特征在于对海量信息的搜集。对高校学生来说，他们早已习惯运用各类小程序、公众号、网站等平台来获取信息，因此他们所具有的审美观或多或少都受到大众媒体的影响。如前所述，在审美观形成的过程中大学时代是一个非常重要的时期，因此思想政治教育工作者有必要引导学生善用信息平台对海量信息进行筛选，从而形成一种更为健康的审美观，以保证广大青年学生能够基于较为深厚的艺术底蕴和文化修养进行审美评价，并且从众多的信息之中甄别出哪些属于有价值的信息值得采纳，哪些属于无用或虚假信息需要屏蔽。对于大学生来说，信息的甄别是形成健康审美观的重要前提和技术保障。

美育维度高校思想政治教育的一个重要任务就是面对那些差异明显的审美观，要根据一定的价值标准进行积极的引导，在大学生群体之间形成一种积极健康的审美评价，并以此为基础引导学生的审美观，避免大学生被庸俗化的审美标准所误导，真正提升他们的文化积淀和艺术涵养，不断地帮助学生锻铸内在美、修炼风度美、养成语言美。因此，教师在面对大数据平台所涵盖的海量信息时，首先要作出正确的判断，在众多信息中甄别出有价值的信息，以此为基础引导学生在面对信息的冲击时，主动拒绝错误信息和无用信息的干扰，进而避免这些信息所造成的错误价值判断。如果学生能够在教师的引导下对海量信息形成正确的价值判断，那么大数据技术就会在更加积极的层面发挥作用，为高校美育的实施提供强有力的技术支持和信息资源，大学生的审美观在整体上能够展现出积极、健康、高雅的特征，思想政治教育中的美育实施路径也能够清晰地呈现出来。但这里需要明确一点，虽然思想政治教育者在审美教育的发展中任重道远，承担重要责任，但教育者不可孤军奋战，为了真正实现美育和思想政治教育的共同目标，必须联合家庭教育、大众媒体和社会各界的力量，充分利用社会网络中的各类资源，优化教育教学手段，加大宣传力度，努力在青少年群体中弘扬健康积极的审美观和风清气正的校园文化，实现思想政治教育立德树人的目标，不断为社会建设输送全面发展、身心健康、品位高尚的人才。

三 善于利用社交平台综合评估学生的社会认同需要

大数据技术作为新媒体时代的重要科技成果，不仅能够以全归纳法进行更为具体化的信息统计，以高效的信息处理技术网罗海量的信息资源，更为重要的是，它还能够根据人的需要通过各类社交平台对各种数据信息进行分析处理，呈现给人们所要了解的数据、信息和意见。就大学生社会化的需要来看，大学阶段是个体从学校走向社会的过渡阶段，一方面大学生并没有完全社会化，另一方面在为社会化做着充分的准备，这个过程中个体的社会认同是一项非常重要的需要，几乎每个大学生都渴望在各个方面被他人接受、承认和理解。在大学校园中，一个人的学习生活如何，他是否拥有足够的自我效能感去面对问题和解决问题，他是否具备足够的信心去迎接未来职场的挑战，不仅仅取决于学习成绩的好坏，更重要的一个影响因素是他在社会关系网络中的认同状况。例如，即使是一个成绩优秀的学生，如果没有积极地融入他所在的群体中，或者完全不擅长处理亲情、友情、爱情等关系中所存在的问题，那么他就无法明确自身的社会认同状况，在未来的工作中如果遇到人际沟通和社会化融入方面的问题也会难以解决，这会极大地影响其发挥自身的才能和优势。因此，大学生在社会认同方面的需要必须得到满足，这对于思政教育工作者来说也是一项复杂而艰巨的任务。

从传统意义上看，社会认同方面的需要如何被量化评估并不是一件十分容易的事，当代社会的科技发展则提供了不同类型的交流程序或对话平台，让大学生能够在更为广阔的社会关系网络中拓展自己的对话空间和沟通范围。在这个过程中，网民都能够通过浏览微信公众号、网页文章、热门时事评论等方式了解自己所持有的观念或意见在多大程度上获得其他社会成员的承认或肯定，进而评估自身在社会认同方面的需要。从对于美育工作的推动来看，如果能够通过大数据技术对广大青年学生在交流平台中的社会认同状况进行一个科学的统计，那么就会发现他们在社会认同方面的需要所具有的整体特征，这对于思政教育工作者进行更加科学的美育课程设计和方案实施来说非常有帮助。

对于思想政治教育工作者来说，只有正确评估大学生在社会认同方面的需要，才能够对此形成一种深刻的理解。如前所述，大学生社会化的具体内容，一方面是良好社会关系的塑造，另一方面则是社会实践活动的参与程度。社会关系是复杂多样的，社会学家布迪厄用"场域"来概括我们身处其中的社会关系网络，它并不是固化的空间，而是由各类活跃的、多样的关系所构成的流动性空间，行动主体的言谈举止会被各种关系塑造，主体自身的活动也会时刻影响着空间的变化。由于大学生处于学校向社会的过渡阶段，他们的社会关系分为校内和校外两个场域，这两个场域中的沟通策略并不相同。美育维度关注生活世界中的不同场景，倡导个体在不同场景切换过程中与环境和谐共处，主张策略选择符合美的规律，接受美育的学生即使面对场景的变化也不会慌张或盲从，而是基于自身的文化修养和艺术底蕴从容面对生活中的变化，在不同类型的社会关系中寻求和谐共处的良策。社会活动的参与则是大学生社会化的另一项重要需求，思想政治教育在面对此项需求的时候需要帮助学生甄别哪些活动是有益于身心健康和社会发展的。面对上述两个内容，思想政治教育工作者需要不断地学习并利用大数据技术为课程服务，尤其是要了解各类信息交流软件和对话平台中大学生在网络关系方面的交流状况，以及大学生对各类线上活动的参与程度，评估他们在社会认同方面的整体需要。这种评估的结果可能有两种，如果学生在社会认同方面的需求不足，那么思政教育者有必要通过情感教育的方式引导学生参与那些有助于身心健康，有利于激发爱国热情，塑造良好社会行为的活动，进而促进他们的情感共鸣和心灵融通，推进美育实施的进程。如果学生在社会认同方面的需要较为强烈，思政教育者则更需要通过多样化的教学手段，高效率的教育技术，人性化的沟通方式，对学生进行线上和线下的引导，保证科学的世界观和方法论能够深入学生的日常生活之中。

唯有借助大数据资源对学生在个性发展、审美观塑造以及社会认同等方面的需要进行全面的评估，我们才能更加准确地了解美育课程实施的现实依据，进而根据现实需求状况真正达成学生的审美意向。若要让学生在满足审美需要的过程中获得正确的价值引导，那么教师在授课过程中必须援引那些源于生活又高于生活的经典文艺作品，向学生展现自身的良好文化底蕴和艺术修养，通过言传身教不断提升学生的审美能力和素养。

第二节 以经典文艺作品鉴赏提升学生审美能力和审美素养

如果思政教师自身具备深厚的文化底蕴和艺术修养，那么就能够让学生在鉴赏经典文艺作品时接受正确的价值引领，养成高尚的艺术品味。优秀的经典文艺作品固然高于生活，但同时也扎根生活。因此如果教师能够较好地引导学生去用心体验艺术作品的内容，那么学生在美育中将会收获更好的学习效果，不仅夯实了理论基础，而且也渐渐地提升了自身的审美能力和审美素养，既满足了自身的审美需求，也达成了审美意向。具体来看，经典文艺作品的鉴赏能够在以下几个方面给予学生深刻的影响和启示。首先唯有通过优秀的文艺作品，才能让学生在审美活动中感受到人类智慧的优秀成果，达到真正的情感共鸣，解放无意识，形成自发性的审美活动，这是培养审美能力和审美素养的重要前提；其次，优秀的文艺作品体现了优秀艺术家所独有的创造性，如果引导学生在作品鉴赏中发挥其同理心，那么学生也会逐步完善心灵的创造力，这是一种较为高端的审美能力；此外，文艺作品体现了作者在知识积累、生活阅历、人文素养、思想境界等方面的综合素养，学生在鉴赏中能够促进心灵综合能力的发展，不断培育自身的审美素养。

一 以自由情感的共鸣提升审美想象力

联想也被称为追忆，是一种特殊的记忆。艾青认为，联想是由事物唤起的类似记忆；联想是经验与经验的呼应。审美联想由审美感知和直觉而来，又进一步成为审美想象的基础。黑格尔曾经强调，艺术想象"这种创造性活动还要靠牢固的记忆力，能把这种多样图形的花花世界记住"①。和审美活动发生关联的联想是审美直觉与过去经验的联系，只有这样审美体验才能在感知和直觉的基础上进一步发展，从而使审美主体与审美对象之间进一步超越生理快感，发生更高级的精神性的审美关系。

心理学界一般认为记忆可分为形象记忆、逻辑记忆、运动记忆与情感记忆四种。情感记忆，顾名思义，以人的情绪为记忆的对象，通过人的情感体验而实现的识记、保持及复呈过程。审美联想的一个重要特点则是审美直觉着重同情感记忆发生联系。审美体验和认识活动及道德活动截然不同。虽然在认识活动与道德活动中也经常要借助于联想，然而它们并没有同情感记忆有太多的关联。而在审美体验中，情感记忆却是诸记忆中最主要的。例如，鲁迅在《故乡》中写道，他回到阔别二十余年的故乡，由故乡的一事一物勾起了他对少年时代的朋友闰土的回忆：

> 深蓝的天空中挂着一轮金黄的圆月，下面是海边的沙地，都种着一望无际的碧绿的西瓜，其间有一个十一二岁的少年，项带银圈，手握一柄钢叉，向一匹猹尽力的刺去，那猹却将身一扭，反而从他的胯下逃走了。

文中所提到的"深蓝的天"、"金黄的月"、"碧绿的瓜"以及项带银圈、手握钢叉的生龙活虎的少年闰土，是鲁迅少儿时代情感体验

---

① ［德］黑格尔：《美学》第 1 卷，朱光潜译，商务出版社 1979 年版，第 357 页。

的印记，并一直保留在他的记忆中。与之形成鲜明对比，当鲁迅再次遇到成年闰土的时候，在情感记忆的驱动之下追忆其当年活泼可爱的小闰土。这就是一种具有浓郁的情感色彩的审美联想。而认识活动中的联想则有所不同，其感知一般只同逻辑记忆与形象记忆发生关联，是对客观事物真实映像较为准确的复现。而审美联想中情感记忆的复呈往往经过了主观的变形和陌生化，染上了浓重的情感色彩，是某种主观性印象的复现。审美联想中审美直觉与情感记忆的这种密切联系不仅使审美体验的情感色彩更为浓郁，而且也在不知不觉中使审美体验距离客观的真实形象愈来愈远。审美联想虽然本质上不同于一般性的联想，但它与一般性的联想一样，也分为接近联想、类似联想、对比联想与关系联想四种。接近联想是由经验与经验之间在时空上的接近而引起的联想。例如我们欣赏苏轼咏西湖的著名绝句：

> 水光潋滟晴方好，
> 山色空蒙雨亦奇。
> 欲把西湖比西子，
> 淡妆浓抹总相宜。

虽然用美女来比喻西湖，较为抽象，但如果人们曾经去游览过西湖，就可以产生"共情"，追忆当时观景时晴天的水光波动之美妙和雨中云雾迷茫时的奇观。类似联想则是由于经验之间性质相近而引起的联想。《红楼梦》中描述过这样的情节，黛玉经过梨香院的墙角外，听到里面十二个女孩子演唱明代汤显祖的《牡丹亭》。听到杜丽娘"伤春"一段，不觉被吸引住了。特别是听到"只为你如花美眷，似水流年"一句，"仔细忖度，不觉心痛神驰，眼中落泪。"杜丽娘的伤感，同黛玉寄人篱下终身无着落的遭遇颇为相似，因而引起黛玉的联想，不免伤心落泪。对比联想是由经验之间相反的特点而引起的联想，对比联想在文艺作品中比比皆是。如前所述，鲁迅《故乡》中将今日成年闰土与昔日少年闰土的比较，即属对比联想。宋代民歌《月儿弯弯照九州》，在艺术处理上也是运用的对比联想："月儿弯弯照九州，几家欢乐几家愁。几家夫妇问罗帐，几家飘散在他州。"事实上，在律诗的对仗句中，许多都运用了对比联想，如杜甫《春夜喜雨》中的"野径云俱黑，江船火独明'，陆游《游山西村》中的"山重水复疑无路，柳暗花明又一村。"即使在不讲对仗的诗句中，对比联想也经常运用："黑云压城城欲摧，甲光向日金鳞开"，"农夫心内如汤煮，公子王孙把扇摇。"关系联想是经验之间某种从属、因果等特殊的关系而引起的联想。经过关系联想的加工，往往可以形成一个崭新的意境。例如，"野渡无人舟自横"。

二　以心灵独创性的激发培养审美创造力

对于高校美育来说，其目标不仅是要让学生拥有审美鉴赏力和审美感受力，审美创造力的发生与发展对于大学生来说也具有重要意义，这也直接关系到他们的整体创新能力。审美创造力并不等于艺术创作技巧，审美创造力的源泉和动力主要来自于人的深层心理。关于这一点，美国心理学家 S. 阿瑞提强调创造性和人的心理活动之间的关系，阿瑞提指出创造过程是由"原发过程"和"继发过程"结合而成的第三级过程。"原发过程"也是人的原初冲动，属于心灵无意识的领域。而"继发过程"则是意识处于清醒状态下，使用正常逻辑时的活动方式。这两种过程的特殊结合是构成创造力的根本原因①。

---

① ［美］马斯洛：《存在心理学探索》，李文湉译，云南人民出版社 1987 年版，第131—132 页。

阿瑞提指出，创造力的形成的确需要理性逻辑的力量，但是也离不开原初的心理活动，创造力的形成以一种奇妙的方式综合把原初的非理性的无意识行为同理性的逻辑过程结合起来。人本主义心理学家马斯洛也认为："对于理解创造力（以及游戏、爱、热情、幽默、想象和幻想）的源泉来说，比压抑冲动要紧得多的是原初过程"，深层心理是人的"一切欢乐、热爱和能力等的源泉，而且……也是创造的源泉。"① 从这个意义上看，美育的实施实际上就是人类心灵自由解放的过程，美育通过解放无意识的方式使心灵得到适当释放，从而减轻理性对深层心理活动的压抑与束缚，让心灵的创造力可以不断得到激发并将创造的热情保持下去。心灵独创性的自发性源自于深层心理冲动的自由涌现，既然是自由涌现，那么从本质上来说，它并不是由理性所唤起的，因此也不能靠意识的控制和努力来达到，但在自由创造的阶段中，深层心理获得了自由表现的机会。和弗洛伊德相似，阿瑞提的心灵分析也涉及到了意识和无意识层面，他强调心灵创造力的另一种作用机制在于使深层心理进入到意识或前意识层面，并与之融合，从而形成完整的创造性机制，这种创造性的发生是原发过程与继发过程的结合过程。正因如此，心灵在多大程度上可以释放出这种创造力总是取决于这两种过程相互转化的灵活性，也就是意识层面与无意识层面在多大程度上可以顺利地融通。对于激发心灵的独创性来说，美育起到了中介作用，美育的实施可以促进意识和无意识之间的顺利沟通和转化，正是在这样的沟通和转化过程中，心灵的创造力就像泉水般被源源不断地激发，人的审美活动也更加丰富多彩。

每个人都可以成为审美创造的主体，因此审美创造可以因人而

---

① ［美］马斯洛：《存在心理学探索》，李文湉译，云南人民出版社 1987 年版，第128页。

异，独创性呈现出一种个性化的特征，这也是审美活动和理性思维、道德行为之间的区别。无论是理性思维的培养，还是道德行为的形成，都要求学生可以接受一些具有普遍性的规律、法则和定理，美育则是一种鼓励独创性的教育。审美教育始终把个性化的探索和发展心灵的独创性放在首要位置，这是因为独创性的形成要求审美主体具有独立的观察能力和心灵的敏感性，这些能力和素养的形成要求美育的内容和进程必须依据身心的发展规律来制定。审美教育首先必须要尊重审美主体之间的个性差异，保证个性表现具有一定的自由度。在审美教育过程中，应当保护和激励大学生探索新的审美对象和新的创作方法，获得耳目一新的体验，对于大学生来说探索的领域是整个生活世界，作为生活的艺术家，他们应该拥有细心、耐心、热心、精心，认真地感受生活中的细节，这有利于培养他们的审美创造力，以此为基础形成创新意识。当然，审美教育作为教育的一部分，也需要美育教师进行积极的引导和评价，但在此过程中大学生却是审美创造的主体，他们需要独立完成审美创造活动。由此可见，在高校美育的实施过程中，大学生对审美范式的吸收并不完全由教师来灌输，而是通过对生活的细心观察去反复探索，审美教育也由此保证和鼓励了大学生可以相对自由地进行表达、叙述与分享。

审美创造力的形成是一个循序渐进的过程，在这个过程中大学生在审美观察力、审美传达力、审美构思力等方面都有不同程度的提高。审美观察力是审美创造的基础，审美传达力是人们利用物质手段实际制作审美产品的能力，而审美构思力则是审美创造的核心。这些能力都不完全是先天的禀赋，而主要靠后天的磨练、培养。审美创造活动一方面是人们实际运用自己的审美创造能力的过程，同时，在审美创造中，人们已有的创造能力得到了最广泛的、最活跃的训练和开发，使得审美观察力更加敏锐，也让审美构思力变得更具创造性，同时也使得审美表现也更加充盈丰富。

需要强调的是，审美创造并不限于文艺范围，在自然、社会，包括科学知识领域，都可以进行审美创造。但是，经典的艺术作品确实是一种审美创造的典范，在作品鉴赏中学生能够真正感受到优秀的审美创造力这种高端审美能力，学生也可以在这种体验中以优秀作品的创作为榜样去不断地反思自身和完善自己的创造能力。一旦学生的审美创造力得到提升，那么审美创造的范围也会不断拓展。一般说来，它包括物质的审美创造和精神的审美创造两个方面。正是这两个方面的相互联系、相互促进，共同构成了审美创造的全部内容。物质的审美创造是指审美经验的物化产品的创造，即社会物质产品的审美创造。它是人类首要的和最基本的审美创造，也是精神的审美创造的前提和基础，有着广泛的群众性和普遍性。在广义上，人所参与的各种生产和社会实践活动，只要它们是受人的审美需要支配、在审美意识引导下进行的，就都带有一定的审美创造意义。而这其中，技术产品的设计和制作最能体现审美创造的特点——技术产品本身成了人的自由创造力的形式。随着现代科技的发展和人们物质生活水平的提高，如何更好地创造物质技术产品，使之成为创造性的物质产品，体现美的规律并且符合当代审美意识，成为当代美学研究的一个重要议题。艺术创作活动是典型的精神审美创造形式，它以人类生活为对象，通过渗透着理性的自由、丰富的想象力来构造审美形式，着重表现出对象感性形式所蕴含的深刻意味，并且带有创造者本身强烈的生活态度和艺术经验。在精神的审美创造中，虽然也可能带有一定的实用目的，但它主要是为了供人进行审美欣赏和审美体验，可以说这种审美创造以精神作用的方式来实现真善美的统一。

三 以综合能力的提升优化审美鉴赏力

在审美鉴赏力的培养过程中，心灵综合能力的提升是一个至关重要的因素，它体现了人类生命的完整性。包括心理学家马斯洛在内的许多学者都曾强调心灵的综合能力是具有创造能力的一个先决条件①。那么什么是心灵综合能力？这种能力实际上就是人们常说的"直觉"，它体现了心灵对于外来信息和内心经验的总结，心灵赋予了这些信息和经验以秩序和规律，使信息和经验可以形成一种整体性的意象。

在审美主体进行审美鉴赏的时候，人的知觉能力、想象力、情绪状态、情感体验等均具有将感觉材料和情感经验整合成为有机整体，创造出审美意象的能力。正因如此，以培养审美能力为主要任务的高校美育实际上已经包含了发展人的创造性直觉能力的功能。从个体整个人生的发展角度来说，每一个人几乎生来就具有整体性的反映能力，但在成长过程中却由于种种原因受到了影响。从这个意义上看，美育可以为保护和发展人们的这种能力提供有利条件。即使是成人，如果可以经常进行审美实践活动，培养审美体验，也有助于发展这种直觉综合能力。就此而言，创造性的综合能力表现为一种发现美的能力，这种能力的一个重要机制就是自由联想。可以说，自由联想不仅体现了人们的知识储备，而且也激发了人们的灵性思维，人们可以在那些看似毫无联系的事物之间发现它们的内在关联。通过审美教育，人们自由联想的灵活性、广阔性、深刻性均得到进一步的提升，而自由联想能力的提高也有助于逻辑思维和形象思维的协调发展，这是全面发展的重要基础。

---

① ［美］马斯洛：《存在心理学探索》，李文湉译，云南人民出版社 1987 年版，第126—127 页。

第三节　利用信息平台拓展高校思想政治教学的美育资源

实际上，大数据发展到今天，信息平台之中包含着各类课程资源，包括影视剧、纪录片、名人访谈、经典文献以及名家名著等，这些都可以被思政教师作为重要的美育资源用于教学设计和课程规划。我们若要善用数据平台的美育资源，就需要对海量的资源进行类别划分，充分挖掘不同类别资源的使用方式，同时也要注意在运用资源时要遵循一些原则，保证我们的利用合理化、科学化、高效化，将大数据技术的优秀成果纳入美育的实施过程中，不断优化课程质量和人才培养规格。

一　信息平台中蕴含的美育资源

美育维度高校思想政治教育不仅是一种教学改革成果，而且也是一项需要综合发展的社会事务，因此我们必须合理化地运用数据平台的资源，若要做到这一点我们应该对资源进行科学的分类，这有助于我们针对各类不同的资源采取不同的教学方法和叙事方式。具体来看，大数据平台既包含了红色文化资源、高雅艺术作品，也涵盖了经典文艺作品和流行文化中的元素。

（一）红色文化资源

高校思想政治教育所培养的人才是社会主义事业的建设者和接班人，因此思政教师必须善用网络阵地不断从中汲取红色文化资源，以更加丰富的方式和手段向学生展示马克思主义理论的科学内涵和时代价值，进而真正提升学生的政治理论素养。实际上，很多学生在初高中阶段已经接受了马克思主义理论教育，对一些重要的概念、知识、原理已经十分熟悉，但是如果高校思想政治教育工作能够运用更多的红色文化资源，以视频、图片、音乐、文学等多样化的方式来展示课程内容，那么学生可以更加直观、具体地感受马克思主义理论的科学内涵，思想政治教育工作的效果也会更加明显。例如，经典影片《建国大业》的内容具有深刻的教育意义，而且其中一些主要人物的扮演者也是广受欢迎的影视明星，学生在观影的过程中一方面能够了解历史，理解马克思主义理论的深刻性和科学性，另一方面也会被优秀演员的精湛演技所感染，引起情感上的共鸣，激发爱国情怀和奋斗热情。新媒体时代，网络信息平台上拥有大量的红色文化资源，不仅有深刻的内涵，而且也具备多样化的形式，在美育的实施过程中这些资源的运用可以体现出双重优势。第一重优势，网络信息平台上的资源不容易受到时间和空间的限制，可以在较长的一段时间被用作教育资源；第二重优势，海量的资源可以提供多样化的选择，教师可以根据当前的教学阶段和授课内容选择不同的资源，极大地丰富了课堂教学，提升了学生的学习兴趣，激发内在学习动机。

（二）高雅艺术佳作

如前所述，虽然审美活动并不等于高雅艺术的创作，美育维度的高校思想政治教育所追求的目标是立德树人，通过以情动人的方式形成价值层面的共鸣，但如果我们要选取合适的教学资源用来授课，那么经典的高雅艺术佳作可以作为一项重要的资源，因为这些艺术作品的经典之处就在于它们能够引起学生的共情，并获得学生在价值上的认同。从这个意义上看，艺术虽然并不能囊括美的一切形式，可是我们必须承认，艺术教育在培养学生审美力方面具有极其重要的价值。

一般来看，艺术教育包括艺术作品欣赏和艺术作品创造，但欣赏比创造更为广泛，通过对经典艺术佳作的欣赏，学生能够实现审美能力的培养和审美素养的提升。然而，一种整体性的艺术概念必然包含欣赏和创造两个审美活动，具体来看，艺术欣赏和艺术创造是相对而言的，而作为艺术活动的主体，创作者和欣赏者也是相对而言的。因为人们对艺术作品的欣赏离不开艺术家对作品的创造活动，这种创造活动体现了艺术家的智慧、品味、创意、经历。也正因如此，艺术作品才能给欣赏者带来与众不同的体验。就接受艺术教育的青年学生来说，即使他们的人生阅历尚浅，也依然会有艺术创造的冲动。例如，学生们聚在一起的时候，总会出于自己的兴趣去讨论或交流一些艺术作品的价值，这个过程他们或许并没有形成较为深刻的见解，却能够真诚表达自己在欣赏作品时的看法或意见，这种表达本身就是对审美生活的追求和向往。青年时代有过艺术欣赏体验的人，在今后的成长中也依然会葆有对生活的热爱，对理想的追求，因为他们的心灵深处都曾经被真正的艺术作品所震撼，优秀的艺术作品又是人们内心深处美好期待的形象表达。从这个意义上看，对高雅艺术佳作进行欣赏是培养学生审美力的重要途径，如果学生能够得到正确的引导，那么他们将会一生受益。

新媒体时代，很多驰名古今中外的高雅艺术佳作都能够在各类App资源中找到，成为广大青少年的审美对象，通过视频、声音和影像，学生能够摆脱时间和空间的限制，直观地体验艺术佳作的魅力，与此同时，网络媒体技术也能够通过重复播放影像、声音、画面的方式让学生不断加强对艺术作品的深刻印象，这个过程不仅让学生加深了对于知识的记忆，而且也让学生不断地感受高雅的艺术意境，渐渐形成共鸣，进而提升审美境界。如果学生能够通过媒体资源的善用提升自身的艺术素养，那么美育维度高校思想政治教育的实施就获得了良好的基础，师生之间也更容易形成审美关系，一种富于美感的课堂情境被营造出来。

（三）经典文艺作品

和高雅艺术佳作不同，很多经典的文艺作品更加贴近生活，雅俗共赏，很多人可以从中找到普通人的影子，因而更适合用于以青年学生为教育对象的高校美育。例如，《红楼梦》的审美价值不仅仅在于它流畅的叙事方式和优美的文字表达，更重要的是作品中的情节能够反映日常生活的细节，并对此进行了精心的艺术加工，作品中的人物也都是拥有喜怒哀乐、情感纠葛、现实需要，甚至个人欲望的普通人，他们时而善良无私，时而精于计算，时而温和有礼，时而任性偏执，正因如此，作品才称得上经典，也正因如此作品吸引的不仅仅是术业有专攻的文艺评论家和学术研究者，可以说书中人的一颦一笑都能够得到社会大众的共情，这样的文学经典在青年学生中的热烈反响也经久不衰。因此，类似《红楼梦》这样的经典作品应该被教师和学生共同研读，在文本的反复耕耘中寻求审美体验，提炼出自己对于作品的理解和洞见，分析其固有的审美价值和体现出的时代精神，发挥自身的审美想象力，通过正确的价值引导形成健康的审美判断力，并且在不断实践的过程中渐渐培养审美创造力，师生在这样的共享中不断建构审美型的关系，营造高雅健康的校园文化环境。

（四）流行文化元素

若要在高校思政教学中融入美育的元素，那么思政教育工作者必须采取当代青少年所喜闻乐见的形式，因此我们必须善用信息平台中的流行文化，使之在马克思主义科学理论的指导下为思政课程服务。

这里我们需要做一个概念上的辨析，流行文化元素既包括大众文化，也包括青少年群体的亚文化，二者都属于广大青少年所关注的文化类型。若要对流行文化做一个界定，那么它主要指"被普遍喜欢和热烈追随的文化，其主要功能是娱乐"①。对于青年学生来说，他们所追求的流行文化具有一系列的特征。首先，流行文化作为一种具有娱乐功能的社会文化类型，从外在形式来看更加具有时尚感，在青年群体之中广为流传，例如，追星、网购、手游、脱口秀等都是流行文化中的关键词，这些事物或行为都呈现出前卫、时髦、光鲜的外在表现形式，更容易被青年群体所接受。由于青少年流行文化包含着大众文化，也包括了青少年亚文化，因此他们感受到的时尚感有一些是符合大众审美的，但也有一些是属于青少年群体的小众审美。其次，从内核来看，流行文化在价值取向方面更容易受制于外在力量，例如，对流量明星的关注、网络流行语的出现、颜值测试软件的出现等，这些行为或事物呈现出价值追求方面的多样性。具体来看，"网络青年亚文化是青年网民追求生活方式与审美趣味内在恰适性的结果，青年在亚文化世界中注重的是商品的内在精神意蕴而非外在形式"②。我们可以从两个方面理解青年流行文化的这个特点。一方面，当代大学生仍然属于青年网民的范畴，他们无法摆脱大众化的生活方式和大众审美的影响，因此大众审美的印记在青少年的行为中依然明显；另一方面，大学生群体拥有较高的文化底蕴和一定的艺术修养，在审美品位和文化取向方面也具有一定的辨识度，因此一些大学生在社交媒体自

---

① 樊亚茹、杨慧民：《网络青少年亚文化的内在规定性》，《学习与实践》2021年第7期。

② 樊亚茹、杨慧民：《网络青少年亚文化的内在规定性》，《学习与实践》2021年第7期。

我呈现的时候也倾向于展现自身与众不同的一面。最后，流行文化具有较强的时效性，无论是对流量明星的偏好，还是对流行软件的频繁运用，或是网络流行语的广泛应用，往往会在一个较短的时间段内更新换代。

对于美育维度思想政治教育的开展来说，我们必须把握流行的趋势和时尚的脉搏，才能够和青年学生融为一体，真正打开学生的心扉，进而更容易同学生产生情感上的共鸣，建构和谐、愉悦、轻松的师生关系，但是正因为流行文化在价值取向上的多元性，我们必须时刻牢记马克思主义科学理论，以此为价值基础去审视流行文化元素，善用其中的积极方面，将理论之美同人文之美、社会之美有机地融合起来，真正为高校思想政治教育事业服务。

二　科学利用信息平台的原则

网络信息平台中的海量资源包罗万象，但也良莠不齐，因此我们在选取课程资源的时候要遵循如下几个原则。资源的使用必须服务于高校思政教学的目的；资源的选取也要符合社会主义核心价值观的根本要求，确保课程的正确价值导向；资源的运用还要充分尊重创造者和发布者的知识版权。

（一）资源的选取围绕高校思想政治教育的教学目标

高校思政课程的目的是立德树人，美育的实施在于以美育德，因此高校美育在运用信息资源的时候要始终围绕这一教学目标。一旦教学资源的运用和教学内容无关，或者和教学目标相悖，那么资源的运用就会造成时间和精力浪费，无法实现美育的育德功能。例如，在欣赏影视作品的时候，虽然我们会被演员的精湛演技、优雅气质和服饰道具等元素所吸引，但是我们更需要关注的是影片在多大程度上能够帮助学生掌握知识、培养审美能力、提升审美综合素养。如果学生仅仅停留在对明星或偶像的过度关注之中，那么他们不仅无法完成教学目标，而且也会浪费宝贵的课堂时间，因此网络资源从选择、使用到讲解，都要注意资源和教学内容之间的匹配程度。在讲授马克思深邃的哲学思想时，我们需要让学生对马克思这样一位伟大的思想家有一个全面的了解，在讲授马克思理论贡献和代表性著作的同时，也要让学生对马克思的生平和所处的时代背景有一个清晰的了解。例如，关于这部分内容，很多教师会运用视频资源进行教学，包括马克思和恩格斯之间的友谊以及马克思和燕妮之间的感人爱情，以此来再现伟大思想家的生活经历，让学生能够真正感受到马克思的生活经历和深邃的哲学思想之间的关系。作为学生，如果能够从情感层面去感知马克思的生活、友谊、爱情，那么就会为马克思的友情、爱情以及创作热情所动容，进而积极主动地去了解马克思的生活经历和理论贡献。主动学习的热情不仅会帮助学生更好地完成学习目标，而且也能够营造和谐的师生关系和热烈的课堂氛围，在这样的氛围中学生懂得去欣赏经典著作，去品味经典作品的文化底蕴，去反思哲学思想的时代价值。在这样的过程中，学生能够意识到教师对自己的引导和陪伴，从内心真正地尊重教师并珍惜大学时代的学习时光。不仅如此，为了服务于教学目的，我们还要把握视频、影像、音频等教学资源的使用频率，如果使用频率过高，那么就会淡化教师在教学中的主体地位，降低师生之间互动的频率，影响授课质量；如果使用频率过低，那么美育的维度也无法充分地体现出来，影响学生主动学习的热情。

（二）把握资源的价值导向

新媒体时代，思政教育工作者依然对马克思主义科学理论的传播起着重要的推动作用，他们借助网络平台的力量，引导高校青年学生去认识、理解马克思主义普遍真理的内容和价值，以马克思主义的价值观念和理论视野去认识问题、分析问题并解决问题。这就意味着我们所选取的教学资源，必须能够引导学生坚持社会主义人才培养的相关要求并遵循马克思主义科学理论的价值立场去分析社会问题。如果学生仅仅停留在对明星或偶像的过度关注之中，那么他们不仅无法完成学习目标，而且也无法了解马克思主义理论的学术贡献和时代价值，这就浪费了宝贵的课堂时间和大学时光，因此网络资源从选择、使用到讲解，都要注意资源和教学内容之间的匹配程度。从这个意义上看，只有正确的价值导向和科学的理论指引，才能真正激发学生主动学习的内在动机，有利于学生更好地完成学习目标，而且也能够营造和谐的师生关系和热烈的课堂氛围，在这样的氛围中学生懂得去欣赏经典著作，去品味经典作品的文化底蕴，去反思马克思主义科学理论的时代价值和历史功绩。

（三）尊重作者的知识版权

网络平台中的信息虽然总是被广泛地转发，但是信息的创建者也拥有自己的知识版权，需要得到广大网民的尊重。网络知识版权的保护在新媒体时代也成为一项十分重要的议题。高校思想政治教育工作者应该养成良好的学术素养，尊重他人的知识版权，也身体力行地为学生作出良好的示范。知识分子作为一个时代的重要文化群体，不仅能够向公众传播信息、知识和真理，而且能够对社会思潮进行深刻的反思，在众多社会思潮中辨别出它们的真理性，以正确的价值和丰富的知识底蕴去引领公众，这是知识分子所承担的社会责任。

研究者的知识创造过程同时也是一个对已有知识体系不断进行反

思和更新的过程。首先，知识的创造者和信息的创建者要反思自己的研究对象或信息内容，而这样一种反思往往包含着"建构"，这是我们要对网络知识版权保持尊重态度的重要原因。其次，网络平台中的一些优秀公众号作者和高质量文章的作者实际上都为网络平台贡献了自己的智慧，让更多的网民和青年能够以高效便利的方式去浏览更多的信息，因此对于这样一种分享我们也要保持积极的态度，在共享信息的同时尊重原创作者的知识版权和劳动成果，由于这种尊重也包含着对创作行为的欣赏，因此尊重知识版权本身在某种程度上也是将作者的原创作品作为一种审美对象。最后，研究者在研究过程中应该不断反思研究方法的合理性。从这个意义上看，"反思"已经跳脱出思想的领域，转变为一种社会行动，反思者在文化活动中变革着人们的思维方式。不仅如此，网络平台中的很多优秀作者对社会问题具有一种积极的关注态度，这种态度通过"网络话语"表现出来，话语本身不仅具有传递行动的功能，而且话语在某种程度上就是行动本身，正如福柯所言，"诚然，话语由符号构成，但是，话语所做的，不止是使用这些符号以确指事物。正是这个'不止'，使语言和话语成为不可减缩的东西"①。在这里，福柯强调知识分子的话语对知识和真理的建构，同时也强调了话语自身的能动性，话语的变化能够在动态中促进知识脉络和知识体系的改变。在这样的话语实践机制中，知识分子的社会角色通过他自身的"言说"建构出来。如果对社会上存在的思潮只进行简单的解释或者评介，那么知识分子扮演的角色只是追随者；如果知识分子能够分析、评论，甚至反思社会思潮，那么他所扮演的角色则是建构者。无论是线上的创作，还是线下的著作，知识分

---

① ［法］福柯：《知识考古学》，谢强、马月译，生活·读书·新知三联书店1998年版，第62页。

子的创造性价值都在一定程度上推动着社会的发展。

新媒体时代，知识分子依然对马克思主义科学理论的传播起着重要的推动作用，他们借助网络平台的力量，关注和分析社会问题和社会现实，引导普通社会公众去认识、理解马克思主义普遍真理的内容和价值，以马克思主义的价值观念和理论视野去认识问题、分析问题并解决问题。正因如此，我们更要尊重网络平台的知识分子在传播科学理论方面的创作，共同保护网络平台中原创作品的知识版权。

第四节　运用审美化的语言提升思想政治教育的感染力

语言的修炼是一项长期的艺术，无论是教学语言、学术语言还是日常语言都具有情境性、社会性和时代性，都要求我们的话语表达符合会话者的身份和角色，符合社会准则和时代背景。只有不断地修炼心灵之美、风度之美，思想政治教育者才能够让自身的言语行为得体、专业、有礼，在传递信息和知识的同时展现出新时代高校思政教师的风貌和品格，提升高校思想政治教育的内在品质和人才培养质量。具体来看，思想政治教育工作中的审美化语言具有以下几个方面的特征。第一，语言表达要合乎语用逻辑；第二，课堂会话要谈吐优雅，用语文明；第三，叙事方式要富于同理心。语言的表达能够影响美育的实施质量，思政教师能够在语言审美化的过程中提升自身的教学品质，具体体现在四个方面。第一，从内容层面来看，教师能够通过合乎逻辑的话语清晰表达所授知识的内容，让学生能够顺利地进行知识梳理，获得成就动机，激发主动学习的热忱；第二，从语言表达形式来看，教师通过优雅的谈吐和文明的表达让学生感受到温暖和善意，身心获得愉悦的体验，在轻松的氛围中感受到学习的乐趣，进而提升对思想政治教育课程的学习兴趣；第三，从语言的运用层面来看，富于同理心的叙事方式也能够体现出语言的美感，引发学生的共情，让学生真正感受到来自思想政治教育工作者的理解和尊重，让学生在美育中不仅能够收获知识，而且也可以提升综合审美素养。

一　注重话语表达的逻辑性

就教学话语而言，无逻辑也就无美感。尤其是在美育教学中，教师能够通过合乎逻辑的话语清晰表达所授知识的内容，语言组织和话语结构的逻辑性会增加语言的韵律美和节奏感，讲授的内容也会流畅地表达出来，自然流畅的授课也更容易引起学生的学习兴趣。

合乎语言逻辑的话语表达有一个显著的特征，就是客观性原则。这一原则要求思想政治教育工作者在课堂教学中的描述必须能够真实反映外在客观事实和社会现象。正如语言社会学家哈贝马斯所提出的"真理宣称"那样，语言必须是实际的反映，这样的语言才是能够被使用的话语。海德格尔的经典命题"语言是存在的家"也强调了语言在人们认识事物过程中的重要地位。就思政教学情境来说，我们在教学中的语言表达必须是客观真实的，是历史发展和社会现实的客观反映，这样的内容才能被学生所接受。因此，教师授课过程中的叙述、概念界定和结论一定要依据教材、经典著作或权威的文献，话语表达要有理有据，才能够体现出教师自身的专业水平、治学态度和责任意识。

合乎逻辑的语言表达要注意遵循社会规范，语言叙述并不应该超越社会规范的框架。实际上，会话主体之间的话语沟通不仅要谋求一种对历史事件和社会现实的真实反映，而且也要符合人们的社会期待，否则话语沟通就会无效或者失去意义。话语沟通是否符合社会期待也是话语行为主体之间谋求共识的基础和前提。在这一原则的指导下，话语行为的主体在交往中进行价值判断，而一旦会话双方发觉对方的话题、语词超出某种社会价值，那么话语沟通就会成为一种无效沟通，这种无效沟通可以表现为转移话题、打断、插话、争执不下等，在这样的情况下很难达成共识。基于这样的语用分析原则，思想政治教育工作者的话语表达不能过于随意，应注意语义、语法和语用方面的共享原则和语言规范，否则就会词不达意，甚至会让自己无法被学生所理解，严重影响授课效果。

合乎逻辑的语言表达还应该包括真诚原则。和前面的两个原则不同，这个原则所强调的是言语行为主体通过对语词、句子结构的组织以及话题的设置等让对方理解并相信自己的真诚性，这就要求言语行为主体能够对会话伙伴语言中的态度、倾向，乃至情绪状态保持时刻关注，如果言语行为主体在这方面无法达成，必然会让会话伙伴产生一种不适的体验，甚至会形成一种敷衍、漠视，乃至虚伪的刻板印象。就思政教学过程来说，教师若要真正推进美育的开展，那么语言的表达必须是真诚的，否则就无法引发学生的情感共鸣，一旦学生认为教师的授课言不由衷，就会失去师生间的信任。例如，当教师提到一种价值观是正确的，那么他必须说出其正确性的充分理由，而不能简单地下一个结论，否则就无法让学生感受到自己的真诚性，以致失去对教师的信任。

二　以优雅的谈吐营造愉悦的感受

就思想政治教育的效果来说，学生在课堂教学中的体验在一定程度上决定着他们对思政学习的热情和兴趣。时至今日，虽然大数据技术改变了传统课堂以讲授为主的教学模式，但是高科技的教育手段并不能够取代师生之间的互动。实际上，学生的课堂体验在很大程度上也取决于师生互动的情况，因此互动过程中的话语交流就非常重要，而优雅的谈吐和文明的表达则会成为会话双方获得审美体验的关键因素。就思政教学中的话语交流来看，若要让师生双方都能够获得愉悦的身心感受，那么思想政治教育工作就要从话语沟通的微观层面入手，对叙述过程进行更加细致的雕琢。

第一，教学过程应该以对话式语言的应用为主。传统的教学模式，授课以独白式语言为主，学生的课堂积极性无法得到充分的发挥。随着美育的实施，思政教学在授课过程中更加注重对学生进行情感上的疏导，对话式语言的运用频率也明显增加。在美育的实施过程中，对话式语言的运用具有明显的优势。首先，对话式的语言并不是单向度的知识输入，而是双向度的相互交流，在此过程中师生双方都能够不断关注对方话语中所涵盖的内容，更容易达成一种相互之间的理解，这对于审美关系的形成十分重要。其次，对话式的语言让每一位学生都获得了自我表现的机会，有助于激发学生的成就动机，进而树立课程学习的信心和决心。此外，对话的过程能够让教师更加深入地了解当代大学生的话语体系，拉近师生之间的距离，让教师也能够熟练地运用学生所喜闻乐见的叙事方式进行课程的讲解，会话方式的接近更能够让审美教育深入人心，引起价值层面的共鸣和情感上的融通。此外，对话式的课堂语言也可以有多重形式，并不仅仅局限于课堂提问。实际上，在任务教学法、案例教学法以及翻转课堂等多重形式的授课方法中都存在着对话式语言。例如，师生之间对于特定问题的探讨能够促进双方共同的求知热情，而翻转课堂中教师的随堂点评则有助于学生对具体知识点的把握。由此观之，如果高校思政教师能够合理运用对话式语言，那么课程本身的人文关怀就能够更加明显地体现出来，学生也能够置身于温暖、友善的教学情境之中，在这个情境中学习兴趣也会不断提升，而课程学习也不仅仅是获得良好成绩的桥梁，而是渐渐转变为提升自身文化修养、道德水平和综合素质的必要选择。对话式的话语表达是思想政治教育工作者实施美育的一个重要环节，师生双方在对话式的教学情境中更容易建构一种新型的审美关系，教师在教学实践中可以持续地获得工作动力，而学生在学习中不仅能够收获知识，而且也可以感受到来自教师的关怀、尊重和理解，在轻松愉悦的体验中提升自身的文化修养和道德水平。

第二，以多样化的叙事方式对待课堂问题行为。对于教师来说，教学工作并不总是一帆风顺的，有时候会遇到课堂问题行为，包括溜号、迟到、随意插话等，导致正常的教学工作无法按计划进行，进而无法达成理想的教学效果。课堂问题行为的出现，全面考验着思政教师的课堂管理能力，尤其是在课堂会话中通过文明的表达去引导学生遵循课堂纪律更是一项颇有难度的任务。从言语层面来看，话语的表达要体现和谐、符合社会价值和一般语用原则，这样既能够保证沟通顺利进行，也能够让言语行为符合美的规律。然而，当人们感觉到周围环境不那么和谐的时候，必须在身心体验并不愉快的情况下和会话伙伴进行沟通，那么保持文明的言语表达和优雅的谈吐就没那么容易了。对于教师来说，一旦遇到课堂问题行为，就会对教学产生倦怠的体验，影响授课情绪。如果要缓解愤怒、紧张、焦虑、灰心等情绪对自身的影响，那么教师就需要运用多样化的叙事方式。例如，在授课过程中，一些教师会遇到抬头率不高，或者学生溜号的情况，一些教师会采取"学生不注意听讲，是因为我的授课水平太低"这种叙事方式，进而不断地自责、灰心和焦虑，影响正常的教学工作。实际上，当遭遇课堂问题行为的时候，教师更应该直面问题行为本身，具体问题具体分析，不宜作些过于糟糕的自我评价。因此，当教师面对学生溜号的现象时，可以将叙事结构调整为："我的课堂，的确有一些学生溜号了，但是也有很多学生在认真听课，所以我的授课水平整体上是能够吸引学生的，如果我能够继续改进教学方法和手段，那么就会有更多的学生认真听课，努力学习"。叙事结构的调整，能够缓解教师的情绪和工作压力，调节身心健康，树立信心，保持良好的教学状态。在这样的情况下，教师即使面对课堂问题行为，也会采取更加积极的策略去应对，而不会产生职业倦怠和过度的压力，并根据具体的课堂问题制定教学计划，逐渐减少课堂问题行为，保证教学目标的实现。这种多元化的叙事方式尤其适合美育教学，教师话语结构的情境化不仅能够从不同角度解释理论内容，而且也能够在很大程度上改变人的固有观念。对于美育教学来说，由于它更加关注人们在生活世界中的情感体验和具体情境中的感受，接受审美教育的人也就更容易在社会交往中同理他人的情绪、感觉和行为，随着美育的效果逐渐呈现，大学生也会渐渐地共理教师对自己的引导和教育，慢慢地也就形成了平等、友善、互爱的师生关系，课堂问题行为不断减少，美育维度的思想政治教育在这个过程中渐渐达到了预期的效果，师生双方也会从中有所收获。

三 以富于同理心的叙事方式启发学生的思维

既然语言具有如此重要的功能，而且语言美又受到心灵美和风度美的影响，那么作为高校思想政治教育工作者，我们在课堂教学情境或者社会生活中如何进一步提升自身在审美话语方面的修养呢？首先，既然美育维度的思想政治教育旨在通过以情动人的方式来启迪灵感、活跃思维，那么授课教师在课堂上并不应该盲目地对学生进行全盘肯定或否定，否则无法达到渐进式的启发效果。例如，如果学生在课堂提问中没有给出教师期待的正确答案，那么这个时候教师并不应该使用"你的回答错误"或者"完全不对"这种否定式的话语，因为一旦学生的回答被否定就会产生一种失落感，进而丧失对课程本身的兴趣。教师在提问的时候可以尽量选择一些开放式的问题，吸引学生的注意力，让学生能够投入问题思考中，增加学生的课堂参与度。面对开放式的问题，青年学生思维敏捷的优势就会显现出来，经过深思熟虑之后回答教师的问题，也会更容易得到教师的积极鼓励和肯定。即使学生的回答并不完全正确，教师也可以使用启发式的会话，例如，"从回答之中，我们发现这位同学很认真地思考了这些问题，如果继续深入考虑或者不断地搜索相关信息，那么他将会对此形成更加深刻和全面的见解"。

不仅如此，高校思想政治教育工作者在会话中会扮演多样化的角色。很多时候，教师会面对这样的情况，有些学生并没有取得良好的成绩，以至影响了学习热情，这个时候教师在会话中可以尝试扮演陪伴者、对话者等更加平易近人的角色。例如，有的学生如果在课程阶段测验中没有取得好的成绩，可能会感到十分失落，甚至会说"我这次考砸了，我可真笨啊"。实际上，这句话的信息并不全面，学生将一次考试成绩的好坏当作衡量自己智商高低的标准，必然会导致沮丧、懊恼、愤怒等负面情绪，进而影响日常的学习状态。在这样的情形下，教师要协助学生将会话信息补全，通过会话方式的改善去改变学生的不当信念，从而消解那些负面的不良情绪，让学生恢复学习信心和热情。若要补充有效的信息，教师必须明确会话中所隐藏的内容，具体来看就是学生话语中没有说出来的修饰成分。从原因层面帮助学生分析，那么会话可以转变为"这次没有取得良好的成绩，是因为我复习的并不好，这并不代表我笨"。从未来可能出现的后果来看，会话信息可以做进一步的补充，即如果我好好复习，运用正确的学习方法，那么下一次考试我就会取得良好的成绩。通过叙事方式的改变，学生对自身和事物的认知会更加完善，那些不良的情绪和悲观的想法也会得到改变。由此可见，思政教学所倡导的语言美，旨在以"润物细无声"的叙事方式帮助大学生形成一种合理的认知，避免过度绝对化的认知偏差或不合理信念，这一方面有利于帮助学生激发学习热情，树立信心，形成对自身的正确认知，另一方面则有助于帮助建立师生之间、学生之间的和谐关系。语言美的不断锤炼，并不仅仅是技巧方面的提升，语言之美既需要会话主体拥有理性的思维和正确的认知，而且也需要主体拥有积极善良的心灵境界和宽以待人的个人修养。在语言之美的呈现过程中，心灵之美和风度之美也能够汇聚交融，高校思想政治教育得以彰显出一种整体的美感。

第五节　依据美的规律建设良好的育人环境

人对自身环境的定义并不是突然之间形成的，而是受到其他社会成员的影响，这种影响是循序渐进的，它潜移默化地发生且持续恒定。处于青年阶段的大学生，他们在认知、品格、行为等方面都受到校园文化的影响和塑造，因此当代高等教育更需要一种良好的校园环境，让学生对自身所处的环境进行科学、理性的定义，汲取校园环境中积极的因素，不断培养自身学习、工作和生活方面的能力与素养。

校园环境中存在着一些对大学生行为、认知、品格影响深远的因素，这些因素构成了校园文化，而美育维度高校思想政治教育的实施有助于校园文化建设朝着和谐、积极、健康的方向持续发展。正如法国启蒙思想家爱尔维修所说，"一切教育的技术，在于把青年放入一个适于发展其精神和道德的萌芽之环境的助力中"①。由此可见，青年学生的成长并不是发生在真空之中，而是一定情境的产物，众多影响因素中校园风气的作用尤为重要，因此我们必须进行育人环境的建设。育人环境的建设主要包括身心与环境之间的协调，课堂教学情境的和谐以及校园文化的健康，美育维度的引入能够在上述三个方面起到积极的助力作用，具体来看就是以美的规律为依据营造身心和环境之间的协调，以美的原则为标准建构良好的课堂教学情境，以美的尺度为参考建构健康的校园文化环境。

一　以美的规律为依据营造人与环境之间的协调

人是情境的动物，作为行动主体的人只有在环境中获得友善、和谐、有序的体验，身心才会得到健康发展。就当代大学生来说，校园学习是一项非常重要的社会行动，这项行动的目的不仅仅是获得优秀的成绩，更重要的是要实现自身的全面协调发展。在学习过程中，学生能否培养自身积极向上的心态和乐观健康的情绪在很大程度上决定着学习的效果和人才培养的质量。若要实现这样一个目标，那么身心和学习环境之间必须处于一种协调的状态，这就需要思想政治教育者、学校管理部以及学生之间协同合作，共同依据美的规律去营造良好的校园环境，让学生能够获得美的体验。

---

① ［法］爱尔维修：《论精神》，杨伯恺译，上海人民出版社2019年版，第115页。

马克思在《1844 年经济学哲学手稿》中强调美的尺度是人类行为的一个重要标识，"动物只是按照它所属的那个种的尺度和需要来构造，而人却懂得按照任何一个种的尺度来进行生产，并且懂得处处都把固有的尺度运用于对象；因此，人也按照美的规律来构造"①。如果从校园文化建设的角度去理解这段经典阐述，那么我们要在校园文化的建设中把握审美活动所固有的规律，以美的规律进行校园环境建设。在校园环境建设过程中，美的规律并不是完全抽象的，它有着非常具体的标准。具体来看，一种美的校园环境包括了和谐庄重的建筑风格、优美怡人的植物布局以及错落有致的道桥设计等，这样的设计和安排能够让置身其中的学习者获得愉悦的身心感受，体验到庄重之美、和谐之美以及自然之美的统一，这种美的感受也能够浸润到学生的日常生活行为之中，由内而外地激发学生接受审美教育的动机和热忱。对于实施美育的思政教师来说，和谐的校园环境能够激发灵感，让他们在和学生的互动中处于良好的状态，将教育工作本身作为一项审美活动来对待，以乐观的情绪和积极的心态去引导学生体验美、感受美、发现美、创造美。教师情绪上的乐观和心态上的健康有助于塑造良好的师生关系，对学习效果产生积极的影响。

校园环境建设所带来的美感则表现为身心与环境之间的协调。这种美感能够不断激发学生的学习热情，培养学生探索知识的兴趣，将知识学习和能力培养转变成一种积极主动的行动。

二　以美的原则为标准建构良好的课堂教学情境

良好的课堂教学情境体现的是校园精神风貌。和物质文化概念不

---

① 《马克思恩格斯选集》第 1 卷，人民出版社 1995 年版，第 47 页。

同，校园精神文化建设，其关注的重点并不在于物质形态的校园环境，它是一所高校精神风貌和文化特质的集中呈现。更进一步说，良好的课堂教学情境主要体现在师生的精神状态和言行举止中。因此，按照美的规律进行校园精神文化创造，主要体现在广大师生所展现出来的校风、学风、教风以及和谐师生关系的建设上，这些都可以具体地体现在课堂教学情境之中。一方面，师生体现了不同年龄阶段和不同社会角色的风采与风貌；另一方面，师生在互动过程中相互影响，教学相长，和谐相处。美的规律一旦在上述方面发挥作用，那么师生都会呈现出良好的精神风貌和文明举止，这是校园环境中最亮丽的一道风景，也是校园文化建设的内核之所在。

课堂教学情境的状态是校风、学风和教风的展现，这种状态主要通过师生之间的课堂互动体现出来，而和谐、有序、庄重、轻松的教学情境则需要授课教师和学生双向的努力才能够达成。授课教师在关注自身师德、师风、师容的同时，也要积极地关注学生在知识、能力和素养方面的需要，随着课程进度的变化，学生也会产生不同的需求。据此而言，教师既要遵循教学规律，对授课内容进行深入浅出、循序渐进的讲解，也要遵循美的规律，讲解过程中表现出思政教师应有的风度美和语言美，给予学生良好的学习体验，将教学规律和美的规律有机统一，在传授知识的同时不断加强审美能力的培育和文化素养的提升。但师生关系是双向的，学生也要在教学互动中完成自己应该承担的任务。一方面，学生必须遵守课堂纪律，避免出现课堂问题行为；另一方面提倡学生在学习中展现出朝气蓬勃的青春风貌、孜孜不倦的学习态度以及乐观向上的健康心态，给予教师良好的反馈，构建一种健康、积极、和谐的师生关系和课堂氛围。

三　以美的尺度为参考建构健康的校园文化环境

校园文化环境并不等同于校园环境，而是校园自然环境、人文景观和文化氛围的有机结合，体现着校园整体的学术氛围、生活状态、精神风貌、人际关系。从这个意义上来看，一所学校校园环境的构建能够真实地反映出高校管理者和教育者整体的教育教学理念、教书育人理想以及学校所追求的崇高使命，校园文化环境具有积极的能动性和日常性，对于每一个置身其中的人都具有重要影响。正因如此，校园文化环境的规划和设置更要精益求精，它不仅需要每一位高校的管理者和教育者在校园环境建设方面精心设计，而且也需要那些拥有艺术素养的专业人士提升校园文化的美学价值。唯有如此，校园文化环境才能够给予青年学生以美的体验，将审美感受注入学生的日常生活之中，营造出"时时有美感，步步皆美景"的校园文化氛围，以更加柔性的方式将美育的实施融入校园的每一个角落和情境之中。

不仅如此，校园文化环境还要体现出各个高校的办学特色和育人之道，这就要求校园文化环境之美必须具有一定的辨识度，不能盲目追随风尚和潮流。从高校内部结构来看，无论是各类教学楼宇的建筑风格，还是校内每一处的台阶花草，都是校园环境之美的具体呈现，这些都是青年学生每天都要置身其中的景观，对青年学生审美品味的塑造具有重要的作用。从这个意义上看，我们的校园文化环境必须从整体上符合和谐、有序、庄重、协调的审美规律，探究以建筑为代表的人文景观和以花草树木为代表的自然景观之间的协调性和匹配度，充分发挥校园文化环境在育人方面的功能和价值。

高校的校园文化环境能够作为一种潜在的机制维系着校园秩序，它并不像校园之中的各种规则、制度那般具有强制性，但是它却潜移默化地塑造着大学生的言谈举止、行为习惯，乃至思维模式。具体来看，高校的校园文化环境包括学校的校训、风俗传统以及仪式庆典等，它们以柔性的方式渗透到学生校园生活的每一个角落和校园活动的每一处细节之中。甚至当学生毕业之后，他们在各种社会活动之中依然带有大学生活中的重重印记，这就是校园文化对人的深远影响。正因如此，我们才更要遵循美的尺度，建构一种健康、和谐、积极的校园文化。对于高校思想政治教育来说，良好的校园文化能够培养学生健康文明的言谈和彬彬有礼的行为举止，这也是将美育维度引入高校思想政治教育的重要前提。具体来看，我们制定校园行为规范时必须要符合人自身的发展规律和行为习惯，这是对人性的尊重，能够体现一种和谐之美；我们在组织校园文化活动和节日庆典时则应考虑青年学生群体的爱好和兴趣，这是对青年的关爱，能够体现一种宽容之美；我们在进行日常校园管理时也要考虑采用广大师生能够接受的话语表达方式，真正发挥广大师生的才能和价值，促进各项工作的有序进行，这是对良好人际关系的维护，能够体现一种秩序之美。如果学生能够置身于优越的校园文化环境之中，那么他们从一踏入校园开始就已经受到了美的熏陶和感染，面对纷繁芜杂的社会环境也能够辨别出美和丑。拥有良好的校园文化环境，高校思想政治教育在美育的助力下也能够事半功倍，学生也可以在更加积极的心态和乐观的情绪中接受审美教育，通过课堂的学习和环境的熏陶培养自身的审美能力和审美素养。

第七章　美育维度高校思想政治教育的思政课程和课程思政的同向同行

作为舆论引导的重要阵地，思政课程要以更加鲜活的方式讲好中国故事，以多元化的方式和路径去引导当代大学生认同马克思主义科学理论和社会主义核心价值观，这就要求思政课程既要追求知识性和逻辑性，也要呈现出趣味性和故事性，这一方面对思政课程教学提出了更高的要求，另一方面也需要其他专业课程基于自身课程的特点融入社会主义核心价值观的元素，更加完整全面地对学生进行价值引导。思政课程和课程思政之所以能够同向同行，是因为二者之间在目标、功能、途径等方面具有一系列的融通之处，这也为美育促进高校思政课程和课程思政的同向同行提供了可行性。美育的顺利实施和逐渐普及也能够打开思政课程和课程思政同向同行的新局面，美育所倡导的美的观念能够促进师资队伍的发展，丰富多样的审美活动则推动着教学方式不断完善，美育所遵循的美的规律切实增强了同向同行的文化认同。

第一节　思政课程和课程思政的契合之处

一　育人目标的相互融合性

作为巩固马克思主义意识形态的阵地，思政课程与课程思政二者都将"立德树人"作为高校课程教学的最终目标。从立德的层面来看，高校思政课程是引导当代大学生认同社会主义核心价值观的主要途径；就树人的层面来说，课程思政的教育教学则是对学生进行知识讲授、能力培养和素质提升的重要渠道。

首先，思政课程作为价值引导的主要阵地，一直以来都发挥着主渠道的作用，思政课程的主要目标在于"立德"。思想政治教育能够让学生形成正确的价值取向，这样当学生们面对纷繁芜杂的社会问题、社会现象和社会思潮的时候就可以做出正确的判断和选择。的确，随着社会经济的发展、对外文化交流的频繁以及媒体技术的升级，大学生有更加多样化和便捷化的方式去获取知识、搜罗信息、认识世界和探索世界。但是在经济社会发展过程中，在各种社会思潮相互碰撞中，在多元文化彼此交融中，大学生的思想和价值观或多或少地受到一些冲击，在这样的情况下思政课程必须发挥舆论引导作用，让青年学生能够基于正确的价值观念和政治立场去认识问题、判断问题并解决问题。

其次，课程思政的目标在于"树人"。从课程性质来看，课程思政并不是一门或一类特定的课程，而是一种全新的教育理念和教学模式。从范围来看，大学所有课程都可以成为课程思政的教学平台，这是因为各个专业的课程在进行知识传授、能力培养和素养提升的过程中都可以融入思想政治教育的相关内容。从育人功能来看，高校各类课程也都在不同程度上承担着培育世界观、人生观和价值观的使命。高校课程思政不仅仅是一种崭新的教育理念，也是基于某种价值导向的创新性社会实践，从这个意义上看，课程思政在育人目标方面和思政课程能够相辅相成。对于"树人"这样一个重要目标，课程思政一方面依托各个专业作为平台，在专业知识获取、专业技能培训和职业素养提升等方面进行全方位的专业化教育，另一方面则融入了思政课程的价值理念，在专业人才培养的过程中不断融入价值引导、人格塑造和道德意识培育等方面的教育，并且在专业课程中深入挖掘社会主义核心价值观的元素。这有利于实现人的全面发展，也为实现高等教育的目标提供了更为具体的实施路径。不仅如此，课程思政的创新实践如果能够贯穿于整个高校学习的过程中，那么大学生就能够在日常学习生活中持续不断地接受社会主义核心价值观的引导，这有利于科学理论和正确价值观念更加深入人心。具体来看，各类专业课程可以根据各自的人才培养目标、人才培养规格和课程设置状况，在不同的年级根据学情去开展课程思政教育，真正实现课程和思想政治教育的有效融合，在日常学习中不断融入价值教育的理念，让青年学生能够更深地体会马克思主义理论的现实指导意义，形成一种更为广泛的价值认同。正是由于课程思政在"树人"方面所发挥的重要价值，我们要在思政教学中逐步深化对课程思政的认识，充分发挥各类专业课程的优势，真正实现立德树人的目标，也为推进人的全面发展贡献力量。

思政课程与课程思政在育人目标方面的一致性为同向同行提供了重要的价值前提。正是由于二者在立德树人的实现过程中发挥了各自的作用，承担了相应的分工，立德树人这一高等教育的目标才能以多

元的模式和多样化的途径实现。如果思政课程能够学习各类课程之中
所包含的科学研究方法，那么思政课程本身就会不断地获得更加深厚
的文化底蕴，课程内容也变得更加丰富，课程设置也会更符合教育教
学规律，美育在高校思政教学中的实施也会获得更加厚重的文化根
基，美育维度的疏导作用在此过程中也能够得到更好的发挥，这也为
马克思主义基本原理的中国化、时代化、大众化发展提供了重要依
据。对于各类课程来说，虽然专业培养的具体目标有所不同，但是都
可以根据专业特征去探索价值观念，寻求课程和思政教学之间的融通
之处。如果各类课程能够向思政课程学习，充分挖掘蕴含在各类专业
课程之中的社会主义核心价值观元素，就能够在很大程度上提升专业
类课程的价值导向作用，对于当代大学生的全面发展来说具有极大的
促进作用，同时也有利于青年学生掌握马克思主义的世界观和方法
论。"只有这样，思政课程与课程思政才能同频共振，共同将学生培
养成为德、智、体、美、劳全面发展的社会主义建设者和接班人"①。
如果各类课程也能够吸收思想政治教育中的价值导向，那么高校意识
形态工作就会获得更为广阔的舆论阵地，美育的开展也会获得坚实的
价值基础，这有利于提升美育维度高校思想政治教育的育人效果。

二 育人功能的优势互补性

由于思政课程和课程思政的学科特征有所不同，在育人功能方面
也各有侧重，但是由于二者都围绕着立德树人这一目标进行，因此在
育人功能方面也具有互补性，在马克思主义科学理论的引领下形成高
校思想政治教育中的合力，这也为美育维度高校思想政治教育的实施

---

① 温潘亚：《思政课程与课程思政同向同行的前提、反思和路径》，《中国高等教育》
2020 年第 8 期。

提供了重要的教育资源。

高校思政课程不仅在传播马克思主义基本理论方面具有不可替代的功能，而且在价值引导方面也独具优势。这就意味着，学生在接受高校思想政治教育的过程中对于马克思主义的基本理论、马克思主义中国化的发展历程以及马克思主义理论中的价值观念已经形成了一套较为完整的知识体系。但是面对当代社会如此纷繁的信息来源，如此丰富多元的文化类型，如此种类繁多的价值取向，青年学生仅仅进行理论的学习和知识的获得还远远不够，青年学生需要将理论的学习和自身的专业实践及学术探究相结合，充分了解马克思主义科学理论对自己专业学习的指导意义，因此高校思想政治教育工作必须具有多样化的载体和平台，课程思政就提供了一个良好的契机。各类专业课程的学习是青年学生生活中非常重要的一项任务，如果能够挖掘其中所包含的社会主义核心价值观元素，不仅能够延长科学理论的学习时间，而且也能够让学生更加深刻地理解自身学习的目的及价值指向。

首先，思政课程和课程思政都能够在价值观念塑造方面形成功能上的互补性。思想政治教育是一种价值教育，旨在塑造高尚的理想和信念，正如之前所阐释的那样，在这方面课程思政也同样具有相同的目标和价值导向，并且课程思政也更加关注人的专业实践过程，为价值引领提供了更为具体化、情境化的教育平台。从这个意义上说，思政课程能够和高校思想政治教育相辅相成，各司其职，在课程体系的不同构成部分以各具特色的教学模式和教学手段共同发挥引领价值观念方面的重要作用。将美育的观念融入高校思想政治教育，能够在经典理论讲授方面通过知识讲解、文献回顾、影片放映、个案分析、小组讨论等多样化的方式让学生"沉浸式"感受马克思主义理论产生的时代背景、历史依据和现实需要，并从情感层面进行疏导，让学生体验马克思主义理论家的生活经历和奋斗过程，以此为基础让学生对马克思主义科学理论产生浓厚的学习热情，这不仅强化了高校思想政治教育整体的效果，而且也提升了思想政治教育和其他学科之间的相互交融性，这就为思政课程和课程思政在功能上的优势互补提供了更为重要的教育理念根基。从专业化的层面来看，课程思政过程能够发挥哪些价值观塑造方面的独特功能呢？具体来看，每个专业都有各自的职业伦理或职业道德方面的具体要求，这些专业伦理或职业道德当中都能够挖掘出社会主义核心价值观中的相关元素，这是思政课程和课程思政同向同行的重要立足点。虽然思政课程的课堂教学在时间上受到了教学学时的限制，但是在专业课程设置方面，每个学生所在的不同专业都有专业伦理和职业道德方面的课程安排或教学内容，这些伦理原则和道德规范都要以马克思主义科学理论和社会主义核心价值观的相关内容作为其理论前提。因此，对于青年学生来说，虽然并不是每天都在接受高校思政课程的教育教学，但是他们在专业知识的学习中、专业伦理的接触中以及职业道德的掌握中，也能够接受马克思主义科学理论的引导和社会主义核心价值观的教育。这有利于学生在自己的日常学习中以马克思主义科学理论为行动依据，以社会主义核心价值观为学习导向。例如，无论是法律、社会工作、心理学等以"专业助人"为特征的学科，还是理工类以科学研究为任务的学科，它们都有各自学科的专业伦理要求或职业道德守则，其中也都包含着爱国、敬业、诚信等社会主义核心价值观中的元素。又如，各类专业课程都倡导案例教学法，很多案例中的内容都是专业人士在其日常岗位中大放异彩，折射出的人性之美，他们都是某个领域的专业人士，为自己的领域做出了杰出贡献，展现出一种知性之美。这一方面充分体现了社会主义核心价值观的科学性，另一方面也反映了社会主义核心价值观的内容对各个学科来说都具有专业指导性。因此，课程思政建设能够充分借助各类专业课程作为马克思主义理论传播和社会主义核心价值观教育的平台，也能够呈现出专业性、情境化、具体化的特征，根据各个专业在培养目标、培养规格以及课程设置等方面的特征，形成一套适合各自专业的课程思政教学模式。不仅如此，课程思政在进行价值观念塑造的时候，能够充分考虑到学生的个性化特征。各类专业课程的教育模式并没有按照一个固定的套路进行，由于青年学生的专业学习总是不断深入，理解力、判断力、逻辑思维能力以及科学反思能力随着专业知识的获得和专业能力的提升也在不断完善，课程思政能够随时把握学情的上述变化，因材施教、因时施教，在价值引领方面也可以按照循序渐进的步骤，遵循由浅入深的教学规律对学生及时进行引导，从而达到课程思政在立德树人方面的目标。

第二，思政课程和课程思政在培育青年学生的道德意识方面发挥着各自的作用。实际上，一个人道德水平的提高，是一个从他律到自律的过程。这样一个过程若要顺利实现，那么教育者应该更加关注受教育者在生活世界中的经历，同时又要关注学生那些直接、具体又真实的感性经验，这就意味着仅仅依靠道德知识方面的传授已经无法满足当前青年学生的需要，只有和学生进行情感上的交流才能够帮助他们逐渐地感受什么是道德上的正当性。对于教育者来说，若要实现和青年学生在情感上的融通，必须充分考虑教育途径的多样化，以实现思想政治教育立德树人的目标。这样一种崭新的理念需要教师能够重新界定自身的角色，教师在此过程中并不仅仅是知识的传授者，还要扮演好引导者、对话者，甚至合作者的角色，学生则是真正的主体，通过教师的恰当引导更加关注道德水平的提升。这样一个从他律到自律的变化需要慢慢积累，而专业课程教师、班主任以及各个专业的辅导员之间的沟通频率也要逐渐增强，在立德树人方面，专业课教师、班主任和辅导员之间可以进行更加细致的分工，这有助于他们把握学生们的学情特征，这是课程思政开展的一个有利条件。

第三，思政课程和课程思政以各具优势的方法塑造青年学生的文明行为。立德树人的过程，不仅仅要进一步完善学生的价值观念，培养学生的道德意识，更重要的是塑造学生的文明行为，在这方面，各类专业课程也具有独特的优势。如前所述，专业课程分布在高等教育的各个阶段，这有利于教育者把握学生在言语行为和非言语行为两个层面的个性特征。正因如此，课程思政的实施能够潜移默化地影响人的行为，这种影响符合人在认知、情感和行为等层面的成长规律，也能够有效地契合青年学生在人际交往、社会融入等方面的需要。作为高等教育的对象和学习活动的主体，大学生在言语行为和非言语行为两个层面都需要形成文明行为，这两个层面不仅都能够反映一个人的知识水平、个人能力和综合素养，而且文明用语和文明举止在很大程度上决定着学生的人际沟通和社会融入是否能够取得成功。课程思政在教育教学思路上的转变，能够让师生之间、学生之间的话语沟通变得更加文明、和谐，同时也能够在专业教育的情境中塑造学生的非言语行为，不断营造良好的校园文化氛围和专业教育环境。

三 实施路径的相互助力性

在课程思政的实施过程中，一些研究者开始关注同向同行的关系。例如，温潘亚强调："同向是同行的前提，同行是同向的目的。我们既要明确同向的重要性，又要明确同行的现实性、可行性。课程思政与思政课程保持同向，才能为同行创造条件。"① 基于对同向同行内在关系的这种深刻认识，我们要清楚地了解思政课程和课程思政的实施路径，实现二者之间的互助性，真正形成立德树人方面的协同效应。

从实施路径的层面来看，在课程思政的实施过程中，教师并不会对学生进行知识上的硬性灌输，也不会直接地给出一个确定的结论，而是充分尊重和利用教学规律和学生的认知规律，按照由表及里、由浅入深的顺序，循序渐进地引导学生理解知识、增长才干、提升素养。这一思路为思政课程的创新工作提供了重要的借鉴和启发。例如，思政教师在讲解新中国经济社会建设所取得的历史成就时，可以借鉴专业课教学中经常运用的文献分析法、对比分析法、社会调查法以及案例分析法，基于专业细致的文献研究、深入浅出的社会调查以及具体典型的案例分析，用高超的文献分析能力、科学的社会调查能力和精辟的案例分析能力一步一步地将家国情怀这样的大爱具体呈现出来。在这个过程中，学生不仅认可教师的专业知识和敬业精神，而且也能够通过对教师的信任进一步形成对课程内容的认同，进而更加积极主动地去接受价值的引导。

借鉴课程思政的实施路径，有助于推动思政课程的创新，具体表现为实现课堂教学内容的专题化、探索教学手段的现代化和考试方式的多样化等方面。具体来看，课程教学内容的专题化能够让思政课程的知识要点与思想内容相结合、课堂教学与自主学习相结合、理论学习与实践育人相结合。教学手段的现代化则有助于推动思政课程的课堂教学改革和课程设置优化。考试方式的多样化则体现了更为人性化

---

① 温潘亚：《思政课程与课程思政同向同行的前提、反思和路径》，《中国高等教育》2020 年第 8 期。

的现代教育理念。现代教育主张对人的多元化评价，考试方式的多样化能够全方位地考察人的认知、情绪、道德、行为等多个维度，既反映了学生的理性思考能力，也呈现出学生在道德、意志、审美等方面的非理性能力，这也在很大程度上满足了社会对全面发展的人的需要。

进一步说，借鉴课程思政的实施路径，对思政课程的相关实践也具有助力作用。课程思政在传统教育体系中具有不可取代的地位，正因如此，它更需要不断探索专业知识教学和价值引领之间的结合点，将思政内容融入专业课程，形成更具优势的协同效应，这实际上也体现了与时俱进的精神。一直以来，思政课程在引导大学生树立正确价值观的过程中都具有非常明确的目标，即通过知识讲授让学生正确理解马克思列宁主义、毛泽东思想和中国特色社会主义理论体系的基本内涵、基本原理、价值立场和科学方法。既然思政课程拥有如此高的地位和重要的价值，那么随着时代的发展，其实施路径并不应该是单一化的和孤立化的。一方面，思政课程的内容涉及政治经济学、哲学、社会学，乃至自然科学，这些学科的实施路径各具优势，可以从不同的层面为思政课程提供知识资源和技术支持；另一方面，每一门学科都具有自己的专业价值观念，这些观念又在不同层面体现了马克思主义理论和社会主义核心价值观的内容，思政课程为课程思政这种新的教育理念的实施提供了价值基础和理论前提。例如，社会工作专业作为一个助人型的学科，倡导保护案主生命安全、无条件积极关注案主需要、提升案主生活质量等原则，契合当代社会人们对于美好生活的向往和追求，这就为课程思政的开展提供了良好的切入点和立足点。正因如此，思政课程和课程思政在实施路径上具有相互助力的作用，统一于立德树人的目标。

由此可见，无论是思政课程还是课程思政，都有不断提升的空间，以二者之间的同向同行进一步提升课程的整体化、综合化、主题化、现代化、科技化。在这样的一种发展趋势中，思政课程作为一种综合型的学科能够继续加强跨学科整合和多领域融通，同时也能够更加注重综合实践活动、专业性实践活动、开放性科学实践活动在课程体系中的功能和价值，以实现课程在育人过程中所发挥的知识功能。一方面，依托专业课程，高校思政教学的实践指导意义更加明确。另一方面，思政课程所传递的正确价值观念为各类专业课程的开展提供了重要的理论参考。从整体发展趋势来看，思政课程必须要依据青年的成长规律和社会对青年学生的需求进行教学设计，将德、智、体、美、劳全面发展的总体要求具体化，明确大学生在高等教育阶段应该具备的基本道德行为，提升个人的综合素养、家庭美德、社会关系协调能力，进一步培育学生的家国情怀。从这个意义上看，思政课程的发展应依托专业课程所提供的平台，课程内容则应该融入各专业课程的教学之中，将思政课程所传递的价值观念贯穿专业教育课程的教学大纲、教学目标、授课计划、培养方案等各个方面，唯有如此，高校思政教学才能充分发挥课堂教学的主渠道作用，根据不同专业课程特色，推进课程思政建设。

第二节　美育促进同向同行的可行性分析

一　美育的教学方式为同向同行提供教育资源

如前所述，美育作为一种教育理念关注的是人的感性经验，并强调通过形式多元、方法多样的教育方式和教学手段让学生实现潜移默化地转变，在此过程中人的全面发展得以实现。就此而言，人的全面发展，既是思政课程在人才培养过程中要实现的重要任务，同时也是课程思政的内在要求之所在，美育能够凭借多元化的教育模式和丰富的教育资源去实现和贯彻"人的全面发展"的理念，这就为思政课程和课程思政的同向同行提供了更加丰富的教育资源。

一直以来，哲学史上都在讨论"人的天性何以完满"这一问题。实际上，人的完整性不仅是一个抽象层面的哲学反思，更是一个需要人们在实践中不断加以考虑的议题。不仅如此，这个问题并不归属于任何一个特定的时代，而是生活在任何时代的人都必须面对的现实问题。尤其是当人们原有的一些社会价值观念受到挑战时，对于这一问题的回答就变得更加重要，否则就会出现精神领域的危机，导致社会心态和社会情绪的波动。有鉴于此，我们倡导美育，就是要通过更符合人性、更能够把握时代特征的方法去树立一些人们应该接受的价值观念，接受审美教育的人也能够在此过程中得到审美、道德、认知、行为等多个方面的协调发展。

就现实状况而言，美育的意义尚未得到一种普遍的接受和承认。尽管审美活动已经渗透到人们日常生活的每一个细微之处，但是人们很少真正将美育视为关乎世界与人生终极意义的选择。然而事实上，和知识方面及逻辑方面的教育相比，美育更容易触碰到人的心灵层面。正是通过潜移默化地实施"审美观点以及感受美、鉴赏美和创造美能力的教育"①，人们才能够真正地体验到人性之美、人生之美、自然之美，这种体验是来自心灵之境的纯然感受。甚至可以说，只有当人们处于自由自在的审美状态之中，人的心灵才能从种种外在限制中

---

① 石佩臣：《教育学基础理论》，东北师范大学出版社 1996 年版，第 362 页。

被引向一种高尚、宁静、自由的境界。就此而言，这种直击人心的教育方式无论对于思政课程中的价值导向，还是课程思政中的人格培育，都是非常值得借鉴的教育资源。一方面，思政课程的开展要关注价值导向的效果，通过更多感性化的方式和手段能够让学生更加明确地认识到社会主义核心价值观中的内容和自己的日常行为之间具有密切的联系；另一方面，课程思政在专业课程教学中也需要让学生明确"专业人士"在促进社会发展的过程中需要具备何种品格，美育所常用的作品赏析、文艺评价等方法更加感性地呈现出人的德性之美，为课程思政的开展提供了可借鉴的优良教育资源，学生在课程思政的实施过程中也能够体验到人性之美，感受到德性之高尚，在此基础上形成对社会主义核心价值观的认同，并逐渐形成高尚的职业道德观念。就此而言，随着时代的发展，人们的物质生活水平已经达到了"小康"，在此基础上人们在精神生活领域和道德意识方面也有了更高的要求，越来越多的人在期待收入增加、社会保障水平完善的同时也在追求着道德水平的进步和文化修养的积淀，高等教育阶段则是实现上述要求的关键时期，美育凭借自身的优势满足了人们在文化修养、知识积累、理论学习、道德水平提高等方面的高层次追求，正因如此，美育对于思政课程和课程思政都是一种需要善用的资源。

从这个意义上看，美育对于思政课程和课程思政的同向同行而言，其地位是不可取代的。如前所述，美育并不是一个可有可无的选修课程，它的发展程度和普遍化程度总是与人的道德水平、认知能力的提高息息相关。正因如此，美育维度一旦缺失，那么无论是思政课程，还是课程思政，都会失去一种重要的教育资源，其教学效果的实现也将受到影响。

二　美育的生活经验为同向同行提供现实根据

如前所述，高校美育的对象主要是 20 岁左右的青年群体，美育不仅要对他们进行理性的引导，让他们能够掌握美学方面的知识和理论，更要让学生们在美的事物、美的现象和美的行为方面形成情感上的共鸣，这就意味着生活化的美育必须依托学生本人生活经验的积累，而不能一味地追求曲高和寡的艺术陶冶和高高在上的"艺术家气质"。就此而言，无论是思政课程，还是课程思政，它们的培养目标都是现实而具体的，培养的人才也是适应现实社会生活的，与此相适应，美育所依托的日常生活经验既提供了思政课程所需的现实素材，同时也进一步打开了课程思政的社会生活视域。

就美育的实施对象来说，每个人的教育背景和成长经历都有其特殊性，模式化的教育方法显然无法真正关注每个人的境遇，教育效果也受到限制，尤其是那些有特殊经历的学生。高校思想政治教育工作者的社会角色是多元的，他们不仅仅是知识的传授者，更是价值观念的引领者和人格的塑造者，因此思想政治教育工作者有必要关注学生在身心方面的个性特征，因材施教，做好情感上的疏导，并且在此过程中构建更加融洽和谐的师生关系。就目前的实际情况来看，很多高校的思想政治教育开始实施小班授课，为教师和学生之间的近距离沟通创造了有利条件，同时也为教师借鉴美育的方法提供了可行性。

第一，感性经验来自生活世界，具有个体差异性。思政课程和课程思政之所以要同向同行，很重要的一个考量就是要将立德树人的目标具体化、现实化、实践化，让越来越多的青年学生能够对社会主义核心价值观形成发自内心的认同，这一方面要求思政课程的主题和内容都要贴近生活，另一方面也要求各类专业课程具有更强的实践性和应用价值，美育所关注的生活经验为此提供了一个良好的切入点，让每个接受思想政治教育的学生都能够在生活实践中体验到价值的引领。对于有美育需求的学生来说，他们并不需要每天泡在博物馆或者画廊去仰望那些大师的艺术作品，他们在自己的生活世界中就可以发现美，感受美，创造美。从这个意义上看，每个人都有机会成为生活的艺术家，在自己的生活实践中获得审美经验，以自己独特的叙事方式去"诉说"美的感受。那些陈列起来的艺术品的确具备珍贵的审美价值和观赏价值，如果有机会面对面欣赏，人的艺术品位和审美趣味就能够得到大幅度的提高。但美育的目的是培养生活中的艺术家，让每个学生都能够在自己的生活中感受到美的真谛。因此，感性经验因人而异，每个人生活经历不同，创造出的美会展现出不同的形式，感受到的美也具有个体差异。

第二，美育的一个重要特点在于"共情"，这种共情也植根于生活世界之中，关注着每个人成长过程中认知、行为、情绪、感受等方面的变化，无论是思政课程还是课程思政，都强烈地需要这种"共情"。生活经验的累积并不像科学实验那样，追求一个固定的答案，很多时候人们的感性经验会随着个人的成长和成熟而发生变化。如前所述，处于不同人生阶段的人，或者拥有不同生活经历的读者在阅读《红楼梦》这样的经典文学作品时，会形成截然不同的审美体验。青少年时期总会感动于宝黛之间的真挚情谊，感受纯爱之美，但随着自身的不断成长，人们又会发现作品中其他人物形象也具有多样化的美感，也会由于见闻的增长而专注于书中所体现的传统文化之美，中国古典建筑壮美而高贵，古代中医文化博大而精深，传统饮食文化精致而细腻，古代服饰文化华美而秀丽。这些是人们在不同阶段的感性经验，既来自对文本的深层理解，也来自生活阅历的不断丰富。同样的道理，拥有不同生活经历的人，在阅读的过程中对"美"的定义也完全不同。例如，成长过程中遭遇过一些挫折的人会强烈感受到探春的坚毅之美，并且欣赏作品中那些拥有人格魅力的人。由此可见，感性经验对于审美活动来说具有重要意义，虽然它短暂且易变，但更加直观、具体、真实，能够直接反映人们当下的旨趣和品味。美育的实施恰恰关注人们这种最直接、最真实的当下感受，从而对此进行疏导，提升审美趣味。

三　美的价值规律为同向同行提供新的观念

审美活动包含着对美的规律的认知，如前所述，美的规律包括和谐之美、秩序之美以及协调之美，这就意味着我们在处理社会关系的时候并不能只关注"利己"的层面，也要关注"利他"的层面，用"爱自己"的观念取代"利己"的执念，只有将"爱自己"和"利他"进行有机统一，才能实现和谐、有序、协调，这一点同样适用于青年学生对日常生活中人际关系的处理。就此而言，美育的实施能够真正帮助青年学生形成一种健康的审美趣味和崇高的价值理想，在美育情境中大学生的行为准则并不是"利己"或"排他"，而是"爱自己"和"利他"。这里需要说明的是，"利己"和"爱自己"是截然不同的两种价值观念。利己行为在大多数时候会漠视他人的感受和需要，甚至会损害他人的情感或利益。"爱自己"则意味着在与他人和谐共处的情境中去珍爱自己，积极关注自身的需要和感受，同时也尊重他人的需要和感受。

美育的实施引入了美的规律，让大学生能够感受到和谐之美、秩序之美、协调之美，并将美的规律运用到自己的生活中，尤其是遵循美的规律去处理校园生活中的各种关系。一方面，遵循美的规律，青年学生能够意识到自己值得善待；另一方面，他们也能够意识到他人应该受到同等程度上的尊重，避免将他人作为客体而加以标签化或污名化，进而有效避免校园欺凌等偏差行为。无论是标签化，还是污名化，都是将某个群体作为异常行为者加以排斥或蔑视，这是一种双向度的非正常人际行为。在标签化或污名化他人的过程中，作为主动行动者的人会忽略他人实际的认知、信念、情绪状态或行动，并将这些误判为偏差行为，甚至越轨行为，导致他人被排斥或被漠视，成为群体之中的少数派。作为被标签化或污名化的受动者则会从一开始的反抗或辩解逐渐转变为自我标签化或自我污名化，甚至一些人的认知、信念、情绪状态或行动开始偏离正常的社会规则，承受了标签化或污名化的不良后果。此外，标签化或污名化的过程还存在着另外一类重要的行动者，即旁观者。旁观者的态度对标签化或污名化会施加一定的影响。如果旁观者只是冷眼旁观，或受主动行动者的影响共同标签化或污名化他人，就会增加受动者的羞辱感或自卑感，让校园关系恶化，甚至发生严重的校园欺凌事件；如果旁观者能够站在正义立场，仗义执言或者制止一些人的标签化或污名化行为，则会降低校园欺凌事件发生的概率。

美育维度的引入，更加人性化地诠释了高校中朋辈群体的关系，用"爱自己""热爱生活""关爱他人""利他"等理念引导学生的行为，以情感疏导取代单纯的知识传授，让学生之间产生真正的情感共鸣，能够做到推己及人、宽以待人，这也让每个学生都生活在健康向上的校园文化氛围中，宽容面对他人的缺点或不足，在很大程度上也避免了"怨恨""漠视""恐惧""蔑视"等负面的情绪或消极的态度，有效地抑制了污名化和标签化现象。这对于防范校园欺凌等不良社会事件具有重要的意义。思政课程和课程思政都以立德树人为价值追求，在这种高尚追求的引导之下，学生们也要避免出现类似标签化或污名化他人的偏差行为，由于在人际关系层面美育所追求的是和谐、有序、协调，这就和思政课程以及课程思政价值旨归相契合。从这个意义上看，美育中所包含的美的规律也能够促进思政课程与课程思政的同向同行。思政课程和课程思政"立德树人"的价值追求并不是一个抽象的概念，它有非常具体的内涵，美的规律所遵循的和谐、有序、协调能够以一种生活化、感性化的方式诠释其内涵，这对于思政课程和课程思政的教学实践都具有重要的启示意义，为思政课程和课程思政的深度融合拓展了理论视野。

第三节　美育促进同向同行的实现路径

正是由于美育在教育体系中不可取代的功能和地位，决定着美育能够促进思政课程和课程思政的同向同行。就具体的实施路径来看，主要包括以审美思维优化同向同行的师资队伍、以审美活动推动教学方式创新以及以美的规律增强同向同行的文化认同。

一　以审美思维优化同向同行的师资队伍

习近平总书记在 2019 年 3 月召开的高校思想政治理论课教师座谈会上提出"三为、六要、八统一"的重要思想。具体来看，"三为"主要是指高校思政理论教育要拥有一支乐为、敢为、有为的思政课教师队伍，这就意味着办好思政课关键在于教师，在于发挥教师的积极性、主动性和创造性。"六要"则主要是指思政课教师要做到政治要强、情怀要深、思维要新、视野要广、自律要严、人格要正。根据这样的要求，若要推动思政课的改革创新，必须要不断增强思政课的思想性、理论性和亲和力。"八统一"主要包括坚持政治性和学理性相统一，坚持价值性和知识性相统一，坚持建设性和批判性相统一，坚持理论性和实践性相统一，坚持统一性和多样性相统一，坚持主导性和主体性相统一，坚持灌输性和启发性相统一，坚持显性教育和隐性教育相统一。将美育维度引入高校思政课程，在此基础上以美育促进思政课程和课程思政的同向同行，对于新时代高校思政教师贯彻"三为""六要""八统一"具有十分重要的现实意义。

美育的实施对于教师在家国情怀、文化积淀、审美旨趣、人格魅力等方面都具有较高的要求，教师在提升教学能力和专业水平的同时，也必须全方位地提升综合素养，唯有如此，才能在教学过程中言传身教，让学生在接受美育的过程中感受到教师的心灵之美、风度之美、语言之美，在此基础上进一步对教师的授课内容产生发自内心的真正认同，强化美育维度高校思想政治教育的效果。

从"三为"的层面来看，将美育维度引入高校思想政治教育，能够让教师学习美学知识的同时，更加的热爱生活，热爱工作，形成"乐为"的工作氛围。例如，教师在和学生的互动过程中，如果能够形成一种审美型的师生关系，那么思政课堂就会变成一个融汇了知识、理论、乐趣、愉悦、美感的学习情境，在这样的情境中学生能够获得求知欲和好奇心的满足，也能体验到行动力的提升，还可以感受到情感的释放和情绪的疏解，这些都是接受审美教育所带来的收获。在审美型关系中，思政教师并不是在紧张焦虑的情绪中完成教学任务，而是同充满青春活力，拥有奋斗热情，具备前沿知识的青年群体进行愉快的交流，这样的交流不仅给予了教师更大的成就感，而且也让教师一直葆有年轻的心态、饱满的热情和乐观的态度，真正感受到思政教学工作带来的乐趣。不仅如此，美育思维也倡导多样化的教学方法，能够更新原有的教学思路，形成"敢为"的创新意识。此外，美育教学本身能够在极大程度上激发学生的学习兴趣，强化思政教学的效果，形成良性的师生互动，在教学相长的过程中不仅让学生收获知识，提升能力，而且也能够为授课教师带来成就感和获得感，这也在极大程度上激励着教师的奋发有为。例如，若要以美育思维促进思政课程和课程思政之间的同向同行，思政教师必须对具体的学情进行充分调查，根据学生的情况因材施教，探索出适合青年学生需要的美育实施方法，这个过程既需要教师解放思想，拿出敢为的勇气和魄力，也需要思政教师实事求是，根据教学规律和认识发展规律掌握学生的教学进度，在思政教学改革中奋发有为。从这个意义上看，一支乐为、敢为、有为的师资队伍不仅是思政课程建设的主要实践者，而且也能够在推进课程思政工作的过程中发挥积极作用，思政课程和课程思政的同向同行由此获得了推动力量。

就"六要"的方面来看，"美育"所关注的情感不仅包括对生活的热爱，也包括对国家和社会的关爱，这是一种能够激发全社会共情的"大爱"。培育这样一种热烈的情感和高尚的情怀，必须要树立坚定的政治立场。坚定的政治立场又进一步地提升了思政教师和青年学生所共有的家国情怀，这也是美育和思想政治教育融通的情感基础。美育维度引入思想政治教育，学生的感性经验和生活经历得到关注，美育维度的思想政治教育鼓励青年学生在日常生活中去体验"价值"的作用，也鼓励学生在作品欣赏和艺术创作中去感受高尚之美、人性之美和心灵之美，这对于高校思想政治教育来说本身就是一种思维上的创新。例如，优秀的文艺作品中总会包含高尚的主题和内容，也会通过动人的旋律、美妙的歌声、生动的画面将作品的内容鲜活地呈现出来，与此同时，优秀的演员也能够通过精湛的演技将那些英雄人物、专业人士、时代楷模的先进事迹表演出来，作品欣赏者在这样的艺术情境中能够形成真正意义上的共鸣，被艺术之美吸引的同时也能够被高尚的精神和行为所感动。正是由于文艺作品具有这种动人心魄的力量，才使得美育维度思想政治教育能够以情动人。不仅如此，各类专业课程若能融入美育思维，也会让专业伦理原则的内容通过柔性的方式植入学生的心灵深处。通过美育的实施，思政课程和课程思政在同向同行方面可以尝试更多行之有效的方法。美育维度高校思想政治教育融合了美学、哲学、社会学、政治学等多个学科的理论成果，极大地拓展了教师的理论视野和青年学生的知识领域，为时代新人的全面发展提供了重要的教育资源和崭新的思维模式。美育维度高校思想政治教育不仅涵盖了美学、哲学、政治学等方面的知识内容和理论体系，而且运用了归纳法、演绎法、社会统计学方法、解释学等多个学科的研究方法，学生在学习过程中不仅收获了多个领域的知识和研究成果，而且也掌握了一定的人文科学研究方法，在拓展知识视野的同时也实现了科研能力的进一步提升。美育维度高校思想政治教育对教师在专业知识水平、审美鉴赏力、感受力、创造力、文化积淀等方面都提出了较高的要求，如果教师仅仅将授课视为一种阶段性"任务"，那么就很难达到"优秀"或"卓越"，只有坚持严格的自律，不断地提升自己在各个方面的胜任力，才能达到美育维度高校思想政治教育对教师的要求。具体来看，这种胜任力不仅包括专业的授课水平、扎实的理论基础，更包括坚定的政治立场、亲切的待人态度、落落大方的教学仪态、公平正直的处事风格。拥有上述胜任力的教师呈现出一种专业、坚定、亲和、公平、优雅的职业形象，这样的形象会让青年学生发自内心地钦佩和信任。美育维度高校思想政治教育的实施，旨在以情感疏导的方式对学生进行陶冶，引导学生渐渐地形成家国情怀和道德意识，美育教师作为学生直接接触的和"美"相关的人物形象，其言传身教至关重要，尤其是教师的人格魅力更能够让学生体验到心灵之美和风度之美。随着岁月的沉淀，即使人的青春和容貌都会留下岁月的痕迹，但人格的魅力只会在岁月的流逝中变得更加卓越而醒目。从这个意义上看，思政课教师的人格魅力才是教学的关键之所在，甚至他并不需要反复去讲述那些深刻复杂的道理，只需要言传身教，用他的人格之美去感染和教化每一位学生。教师的人格魅力恰恰是美育中最重要的教育资源，公正的处事态度、饱满的教学状态、优雅的谈吐举止都能够获得学生心悦诚服的信任和发自内心的尊重。根据"六要"原则，思政教师能够更加全面地审视自身在政治立场、家国情怀、教育方法、学科视野、自律意识和道德水平等方面的状况，这也为推进思政课程和课程思政的同向同行做了充分的"要件"准备。

从"八统一"的层面来看，美育维度思想政治教育一方面坚持社会主义核心价值观的培育，坚持了正确的政治导向；另一方面，作为一个综合性科学，要求思政教学具有宽广的理论视野和知识基础，这两个方面体现了政治性和学理性的有机统一。不仅如此，美育维度的高校思想政治教育在价值引导的同时也传授着哲学、审美、社会学等方面的知识，反映了价值性和知识性的辩证统一。对于青年学生来说，在社会主义核心价值观的引导下，知识学习的目标更加明确，而较高的知识水平和扎实的理论基础则有助于学生理解社会主义核心价值观的科学性、逻辑性和体系性。此外，美育的实施过程在进行价值引导的同时也在培育着青年学生各个层次的思维能力，既包括形象思维和逻辑思维，也包括批判性思维，因此美育维度的思想政治教育既有建构性的一面，也有批判性的一面。从建构性的方面来看，美育维度的思想政治教育能够帮助学生形成良好的学习习惯和科学的思维方式；从批判性的方面来看，审美教育关注人们的感性经验和当下状态，给予人潜移默化的影响，在这个过程中，一些陈旧的思维定式和固着的刻板印象都会发生改变。更进一步说，美育教学不仅要传授美学方面的基本理论和专业知识，更要进行一系列审美鉴赏、审美评价以及审美创造等实践活动，让学生在现实的具体的审美活动中去提升审美能力和文化素养，因此美育维度高校思想政治教育也体现了理论和实践之间的辩证统一。此外，美育的"疏导"并没有一个固定的模式，而是在关注人类感性活动多样性的过程中也采取了多元化的教育手法和教学方式，将教学目标的统一性和教学手法的多样性统一起来。很多时候，一个目标的实现可以通过多样化的教育方法，在这个殊途同归的过程中，各类专业课程的教育方法和实践途径都可以借鉴，借鉴的过程中各类专业课程共同围绕立德树人的目标形成合力，协调发展，综合施策，课程思政的方法逐渐地融入思政课程的教学过程之中，思政课程的目标和价值也内化到各类专业课程的日常教学中。从师生关系层面来看，教师依然是思政教学的主导者，但是美育的实施过程关注着每个受教育者的实时体验和情感状态，学生在此过程中已经成了教学中的主体，因此师生之间在美育中形成一种"主体间性"的关系。就教学理念来看，美育维度高校思想政治教育一方面坚持知识的传授，对学生在知识记忆和理论认识方面有一些规定性要求，另一方面则倡导情感层面的疏导和性情上的陶冶，提倡通过多元化的方法和途径去启发灵感并活跃思维，充分体现了灌输性和启发性的统一。从教育模式来看，高校思想政治教育在价值导向方面属于显性教育，在教学中直接对知识内容进行讲解，学生的学习效果也能够直接体现在他们对知识的记忆和理解上，对学习效果的评价也能够通过考试成绩和课堂任务反映出来，而美育的实施则是一种隐性教育，在潜移默化中进行熏陶浸染，逐渐地将外化的社会规则内化为学生内心深处的价值观念，由于每个人在审美力方面的表现总会呈现出个体差异，因而审美力的衡量也必须要充分考虑学习者的个性特征，个体的变化又具体而微地体现在日常生活的细节之中，需要思想政治教育工作者在长期的教学工作中对每个学生进行深入的观察，觉知这些潜移默化的转变。从这个意义上看，美育维度高校思想政治教育是显性教育和隐性教育的有机结合。根据上述"八统一"的要求，思政教师能够重构思政教学的过程，这也为推进思政课程和课程思政的同向同行夯实了教学实践方面的基础。

师资队伍的建设对于思政课程和课程思政的同向同行至关重要，因为教师发挥的作用在于传道、授业、解惑，而美育关注学生的感性经验，注重潜移默化的陶冶，关心人的审美创造和审美体验，这样的教育思维模式对于时代新人的全面发展具有重要的意义。正因如此，我们应以美育思维促进师资队伍的发展，形成一支具有坚定政治立场、专业知识水平、坚实理论基础、深厚文化底蕴、高雅审美旨趣、健康身心状态、良好审美创造力的教学队伍，全面发展的教师能够更好地引领当代大学生，这样的师资队伍对于促进思政课程和课程思政的同向同行具有重要的意义。

二 以审美创造推动同向同行的教学方式

思政课程和课程思政的同向同行并不是一个抽象的理念，而是需要用崭新的多样化的教学方式去实现的具体目标，目标的实现必须充分发挥思政课程和课程思政各自的优势。美育不仅关注美学知识的传授，而且更加注重以审美创造为代表的审美实践。就思政课程和课程思政的同向同行来看，审美创造一方面促进了思政课程教育模式和教学理念的双向更新，另一方面审美创造活动也拓展了各类专业课程的视野。从这个意义上看，审美创造可以作为推动同向同行教学方式创新的实现路径。

教学内容决定教学形式，教学形式应当服从于教学内容并根据教学内容的变化而变化。合适的教学形式不仅可以充分发挥教学内容的最大功效，而且还能最大限度地激发学生学习的兴趣和热情。审美活动对学生具有潜移默化的教育作用，它可以让教育对象从日常枯燥、乏味的理论转向生动、有趣的现实活动，从而在不同的审美体验中，提升个人的审美品味和道德修养，审美创造活动体现在欣赏美的事物的过程中、研究美的理论的探索中、美的作品的创造中以及美的重新定义的过程中。

首先，审美创造活动体现在美的事物的欣赏中，欣赏本身也是一种创造。具体来看，思政教学应包括一个重要的实践内容，即定期组织学生到校外的历史博物馆、文化艺术馆以及红色革命纪念馆等相关场所去欣赏不同形式的美。审美创造活动的主体需要一个能够认识美、发现美、感受美和创造美的良好氛围，在历史博物馆、文化艺术馆和红色革命纪念馆中包含着厚重的历史感和文化气息，能够引导青年学生在艺术鉴赏中提升认识美、感受美、发现美和创造美的能力。审美创造活动能够培养学生的想象力、鉴赏力和创造力，这些对于人的全面发展来说都具有重要意义，同时这些能力对于思政课程和课程思政的人才培养目标也具有重要的意义。从这个意义上看，审美创造活动的开展是思政课程和课程思政同向同行的有效连接枢纽。

其次，审美创造活动也可以体现在艺术作品创作中。对于审美创造来说，动手能力培养是一个重要的环节。虽然很多学生并没有就读于艺术类专业，却依然拥有艺术创作的热情，这就需要学校为他们创造更多实际操作的机会。例如，根据学生在艺术方面的兴趣爱好，学生内部可以组织一些校园文化活动以及社会实践活动等，志同道合的艺术爱好者不仅能够感受艺术创作的乐趣，还能够获得朋辈群体的陪伴，既陶冶了性情，也愉悦了身心。这种"寓教于乐"的校园生活，真正将深邃的理论与有趣的活动结合起来，在二者的统一中去理解思想政治教育的内容。审美创造活动对动手能力的培养决定着它不仅能够实现思政课程的目标，也能够提供课程思政的实践"要件"。

最后，审美创造活动体现在美学理论的探索之中。审美创造不仅仅是艺术作品的创作，同时也是对美的观念的重新定义，因为美的形式总是多样的，若要实现这一点必须进行理论方面的探索。对于青年学生来说，理论的探索不仅可以通过文献分析的方法实现，也可以发挥美育的优势通过多样化的方式让学生对美的理论产生浓厚的兴趣。例如，高校可以设立美学的专项课题，让学生通过自主申报的形式培养学生自主学习的能力，这种自主学习能力的培养也是思政课程和课程思政共同需要的。具体来看，翻转课堂、合作式学习、探究式学习、项目中心式学习都可以作为理论探索的有效形式。一方面能够发挥学生在学习中的主体地位，在自主学习与教师讲授相结合的方式中促进思想政治教育的教学效果；另一方面也能够让学生在文献阅读、整理、合作研讨等过程中提升理性能力和非理性能力，从而使综合素养全面提升，同时也符合思政课程和课程思政教学的主题。

三　以美的规律增强同向同行的文化认同

认同（Identiy），作为一个心理学领域的重要概念，主要是指心理上的肯定和情感上的趋同，能够最大限度消除标签化、疏离感和隔阂感，这是交往双方获得共识的重要前提。[①] 就思政课程与课程思政的同向同行来说，文化认同是一个行之有效的方式。具体来看，我们要在立德树人中形成"对教学文化的感同身受、情感体验和心理归属，这是基本价值观的肯定性体认，是凝聚教学共同体的精神纽带和思想基础"[②]。对于思政课程和课程思政的同向同行来说，二者都是以培育社会主义核心价值观文化认同为目标的，据此而言，我们不难发现，"增进文化认同，既要深入挖掘、大力推广课程思政的价值理念，又要与时俱进、积极推进思政课程创新，为思政课程与课程思政同向同行注入新活力、新内涵。当前，我们必须在尊重思政课程与课程思政的差异中实现思政课程与课程思政的交融共生、和谐发展"[③]。

美育所倡导的美的规律是和谐、有序、协调，如果教学活动能够遵循美的规律，那么社会主义核心价值观的文化认同就能够在青年学生中得到更好的实现。

首先，"和谐"的倡导能够推动思政课程与课程思政的同频共振。从内涵上看，思政课程和课程思政的"同频共振"是指思政课程与课

---

①　温潘亚：《思政课程与课程思政同向同行的前提、反思和路径》，《中国高等教育》2020 年第 8 期。

②　温潘亚：《思政课程与课程思政同向同行的前提、反思和路径》，《中国高等教育》2020 年第 8 期。

③　温潘亚：《思政课程与课程思政同向同行的前提、反思和路径》，《中国高等教育》2020 年第 8 期。

程思政在思想、意识、言论、精神状态等方面的共鸣或协同，这充分契合了美的规律。当前，社会信息化正在改变思政课程与课程思政同向同行的方式。大数据技术的发展推动着各类信息平台舆情的监督和舆情引导功能的建设，文化认同状况正是通过社会舆论反映出来的，正因如此，数据技术的发展为思政教师能够随时了解文化认同整体的发展趋势提供了重要的依据，一方面有利于思政课程把握问题导向，另一方面也有利于课程思政关注社会动向，掌握前沿动态。从这个意义上看，"思想与观点的交融构成了二者同向同行的关键一招。无论是思政课程还是课程思政，都在集体转型为观点频道"①。思想与观点在各类信息交流平台中通过网络言论体现出来，而整体的舆论走向又可以反映对主流文化的认同状况。例如，若要了解关于中华优秀传统文化的认同状况，可以对那些社会关注度较高的公众号、论坛、小程序等平台进行舆情分析，分析的结果可以作为思政课程和课程思政共同的现实依据，这也成为二者之间实现同频共振的重要参考。

其次，无论是思政课程，还是课程思政，其课程设置必须"有序"。有条不紊的课程设置，能够让青年学生循序渐进，在教学规律的作用下逐步认知并认同社会主义核心价值观。这就意味着，我们必须在马克思主义科学理论的指导下，将传播思政课程的理论作为课程思政建设的核心，围绕这一中心目标，课程思政研究成果可以转化为思政课程的素材和话语。实际上，文化认同的形成在很大程度上依赖于人们对传统文化的深刻理解和正确诠释，各个专业类课程在助力传统文化认同方面可以形成合力，这方面的研究成果极

---

① 温潘亚：《思政课程与课程思政同向同行的前提、反思和路径》，《中国高等教育》2020 年第 8 期。

大地丰富了思政课程教学的内容，也大大增加了思政教学的趣味性。依然以经典文学名著《红楼梦》的研究为例，文学、艺术学、社会学、哲学、中医等专业都会从各自的领域出发去深入挖掘它的价值，每个领域的研究者能够置身文化的传承和发展过程，对作品中的人物形象、修辞手法、诗词歌赋、文化习俗进行多视角、多层次的创新性研究，这些研究成果是当代文化建设的一个重要体现，从多个层面推动着社会整体对于优秀传统文化的认同。但是，若要将上述研究成果与思政教学有机结合，思政教师必须根据思政教学的规律将各专业的研究融入课程，这种融入不能过于生硬，而是要根据规律循序渐进地有序进行，否则会出现"文不对题"的教学困境，影响课堂教学的效果和育人目标的实现。正因如此，思政教师也必须对文化研究相关领域的前沿问题保持关注度，吸收这些研究成果的时候也要注意价值导向，将各个专业的优势有效融入思政教学中，进一步提升课程质量和文化内涵。

最后，"协调"关注的是思政课程和课程思政之间的共同发展，相互促进。这并不是一个单向度的过程，我们必须在思政课程和课程思政之间找到融通之处，让思政课程的内核能够有机地融入专业课程的教学之中，也让课程思政的方法助力思政课程的教育教学，形成各类课程与思政课程的协同发展。思政课程和课程思政之所以要同向同行，很重要的一个考量就是要将立德树人的目标具体化、现实化、实践化，让越来越多的青年学生能够对社会主义核心价值观形成发自内心的认同，这一方面要求思政课程的主题和内容都要贴近生活，另一方面也要求各类专业课程具有更强的实践性和应用价值，美育所关注的生活经验为此提供了一个良好的切入点，让每个接受思想政治教育的学生都能够在生活实践中体验到价值的引领。正因如此，如果我们能够将美育思维融入思政课程和课程思政，那么二者之间在同向同行方面就会协调发展。如前所述，美育的目标之一是培养生活的艺术家，思政课程关注的恰恰是人们对美好生活的追求，而课程思政中的重要目标也是将所学应用到日常生活之中，美育方法的运用，为思政课程和课程思政找到了更多的共同出发点和落脚点，有效协调二者之间的同向同行。

结　　论

高校思想政治教育工作任重道远，借助美育的方法和手段，高校思想政治教育能够发挥"以理服人"和"以情动人"的双重优势，为实现时代新人的全面发展提供全方位的支持。

审美教育是中西思想史上的一项重要议题，它体现在西方哲学发展过程中，也呈现于崇德尚艺的中华优秀传统文化之中，正因如此，美育在思想史的发展中逐渐形成了坚实的理论基础，也获得了深厚的文化资源和可靠的价值前提。将美育的理念和思路融入高校思想政治教育，能够同时发挥德育和美育的双重优势，实现以理服人和以情动人的结合，这样的教育方式能够更好地满足当代大学生的精神需要，提升大学生的文化底蕴和道德水平，接受美育的大学生在此基础上可以形成一种更加和谐的社会关系。

就近五年高校思想政治教育的发展来看，在"三育人"的指导之下，各高校思想政治教育工作取得了重大进展。一方面，各高校的思政课教师纷纷借助慕课、微课等现代化的教育教学手段，充分利用大数据所提供的技术支持，采用案例分析法、任务教学法，乃至翻转课堂等前沿性的授课方式，激发了学生的学习兴趣。另一方面，高校辅导员也能够通过多样化的沟通方式和青年学生更好地进行交流，在日常沟通中也能够借助更具人文关怀的教育方法去了解学生的生活需要，及时把握学生的思想动态，并对学生进行符合社会主义核心价值观的舆论引导，从学生工作层面助力高校思想政治教育。不仅如此，专业课教师也能够在日常教学中将社会主义核心价值观的元素融入课程内容之中，让学生能够全方位地接受马克思主义科学理论的引导，奋力实现思政课程创新和课程思政建设的同向同行。

当前思想政治教育工作的理念在不断更新，教师也更加重视理论视野的拓展，大数据技术正在被广泛应用于社会生活的各个领域，这些都为美育维度高校思想政治教育工作的开展提供了全方位的支持。第一，凭借数据技术的发展，高校思想政治教育工作者可以更加准确地了解并评估大学生的审美需求；第二，随着生活水平的提高，人们越来越重视精神层面的需要，阅读经典的氛围也日渐浓厚，这有利于教师以经典文艺作品鉴赏为方法提升大学生的审美素养；第三，由于数据技术的发展，各类信息平台能够拓展思想政治教育的资源，红色文化作品、高雅艺术佳作、经典文艺作品、流行文化等资源的运用大大增加了课程内容的丰富性、深刻性和趣味性；第四，教师从各个方面不断地提升自己的文化修养和理论水平，这些成果可以充分体现在教学会话之中，审美化的教学话语提升了思想政治教育的感染力，给予大学生愉悦的审美体验；第五，各高校在强调高等教育内涵式发展的过程中更加重视校园文化的建设，这就为以美的规律为依托建设育人环境提供了支持。

高校思想政治教育若要真正实现立德树人的根本任务，那么思政课程必须和课程思政同向同行，在育人过程中形成合力，而美育"以情动人"的特质决定了它既可以融入思政课程中，也可以和课程思政相结合。美育思维可以助力同向同行的师资队伍发展，审美创造能够推动同向同行的教学方式创新，而遵循美的规律则可以增强同向同行的文化认同。

综上所述，美育维度高校思想政治教育在立德树人方面具有重要的功能和价值，因此在未来高校思想政治教育工作的理论研究与实践创新中，美育思维的培养和美育方法的运用也会成为思想政治教育工作者所关注的重要领域。

参考文献

《马克思恩格斯选集》第 1 卷，人民出版社 2012 年版。

《马克思恩格斯选集》第 3 卷，人民出版社 2012 年版。

《马克思恩格斯全集》第 1 卷，人民出版社 1995 年版。

《马克思恩格斯全集》第 3 卷，人民出版社 1960 年版。

习近平：《中国共产党第十九次全国代表大会报告》，《人民日报》2017 年 10 月 28 日第 1 版。

习近平：《论坚持推动人类命运共同体》，中央文献出版社 2018 年版。

《爱因斯坦文集》，许良英、赵中立、张宣三译，商务印书馆 1979 年版。

《蔡元培全集》第六卷，浙江教育出版社 1991 年版。

陈明：《审美意识价值论》，安徽大学出版社 2006 年版。

陈嘉映：《海德格尔哲学概论》，生活·读书·新知三联书店 1995 年版。

陈伟：《崇高论——对一种美学范畴和美学形态的历史考察》，学林出版社 1992 年版。

《邓小平文选》第 2 卷，人民出版社 1983 年版。

［德］狄尔泰：《历史理性批判手稿》，陈锋译，上海译文出版社 2012
　　年版。

杜卫：《美育学概论》，高等教育出版社 1997 年版。

段虹：《审美教育价值论》，黑龙江人民出版社 2012 年版。

冯刚：《校思想政治教育工作质量评价研究》，人民出版社 2020 年版。

傅谨：《感性美学》，东北师范大学出版社 1997 年版。

［美］弗洛姆：《逃避自由》，李月才等译，工人出版社 1987 年版。

［美］弗洛姆：《健全的社会》，孙恺祥译，贵州人民出版社 1994
　　年版。

韩庆祥、亢安毅：《马克思开辟的道路》，人民出版社 2005 年版。

胡家祥：《审美学》，北京大学出版社 2000 年版。

胡经之等：《西方文艺理论名著选编》下卷，北京大学出版社 1985
　　年版。

［德］海德格尔：《林中路》，孙周兴译，上海译文出版社 2015 年版。

［德］海德格尔：《艺术作品的本源》，孙周兴译，商务印书馆 2022 年
　　版。

［德］海德格尔：《存在与时间》，陈嘉映译，生活·读书·新知三联
　　书店 2012 年版。

［德］黑格尔：《美学》第 1 卷，朱光潜译，商务印书馆 1979 年版。

黄凯峰：《价值论视野中的美学》，学林出版社 2001 年版。

［德］卡西尔：《人论：人类文化哲学导论》，甘阳译，上海译文出版
　　社 2013 年版。

［德］康德：康德：《判断力批判》，邓晓芒译，杨祖陶校，人民出版
　　社 2002 年版。

［丹］克尔凯郭尔：《恐惧与颤栗》，赵翔译，华夏出版社 2017 年版。

［美］拉尔夫·史密斯：《艺术感觉与美育》，腾守尧译，四川人民出版社 2000 年版。

雷体沛：《存在与超越：生命美学导论》，广东人民出版社 2001 年版。

李晓林：《审美主义》，社会科学文献出版社 2000 年版。

李泽厚：《世纪新梦》，安徽文艺出版社 1998 年版。

李泽厚：《美学三书》，天津社会科学院出版社 2003 年版。

凌继尧：《美学十五讲》，北京大学出版社 2003 年版。

刘小枫：《诗化哲学》，山东文艺出版社 1986 年版。

刘放桐：《现代西方哲学》，中国城市出版社 1998 年版。

陆贵山：《审美主客体》，中国人民大学出版社 1989 年版。

路易丝·麦克尼：《福柯》，黑龙江人民出版社 1999 年。

罗素：《西方哲学史》，何兆武等译，商务印书馆 2020 年版。

［美］马尔库塞：《单向度的人》，张峰、吕世平译，重庆出版社 1993 年版。

［美］马斯洛：《存在心理学探索》，李文湉译，云南人民出版社 1987 年版。

牟宗三：《中国哲学的特质》，上海古籍出版社 1997 年版。

［德］尼采：《尼采全集》，人民大学出版社 1996 年版。

［德］尼采：《瞧！这个人》，刘琦译，中国和平出版社 1986 年版。

［德］尼采：《权力意志》，孙周兴译，上海人民出版社 2018 年版。

［德］尼采：《悲剧的诞生》，周国平译，华夏出版社 1996 年版。

潘知常：《生命美学论稿：在阐释中理解当代生命美学》，郑州大学出版社 2002 年版。

祁志祥：《美学关怀》，复旦大学出版社 1998 年版。

屈原：《九章·橘颂》。

［法］萨特：《存在与虚无》，陈宜良译，生活·读书·新知三联书店 2014 年版。

［德］舍勒：《价值的颠覆》，罗悌伦译，生活·读书·新知三联书店 1997 年版。

［德］叔本华：《作为意志和表象的世界》，石冲白译，商务印书馆 1982 年版。

陶伯华：《美学前沿》，中国人民大学出版社 2003 年版。

王岳川、尚水编：《后现代主义文化与美学》，北京大学出版社 1992 年版。

［德］席勒：《美育书简》，徐恒醇译，中国文联出版公司 1984 年版。

王一川：《审美体验论》，白花文艺出版社 1992 年版。

温潘亚：《思政课程与课程思政同向同行的前提、反思和路径》，《中国高等教育》2020 年第 8 期。

［德］雅斯贝尔斯：《什么是教育》，邹进译，生活·读书·新知三联书店 1991 年版。

杨蔼琪：《美是生命力》，知识出版社 2000 年版。

杨曾宪：《审美价值系统》，人民文学出版社 1998 年版。

杨宗兰：《美感》，漓江出版社 1994 年版。

叶朗：《现代美学体系》，北京大学出版社 1999 年版

叶朗：《胸中之竹》，安徽教育出版社 1998 年版。

叶朗：《中国美学史大纲》，上海人民出版社 1985 年版。

叶秀山：《美的哲学》，人民出版社 1991 年版。

袁鼎生：《审美场论》，广西教育出版社 1995 年版。

袁贵仁：《马克思的人学思想》，北京师范大学出版社 1996 年版。

张首映：《审美形态的立体关照》，人民文学出版社 1989 年版。

张应杭：《人生美学导论》，浙江大学出版社 1996 年版。

赵向阳：《审美教育》，内蒙古人民出版社 1990 年版。

周芳：《思想政治教育审美研究》，人民出版社 2012 年版。

周国平：《在世纪的转折点上》，上海人民出版社 1986 年版。

周钧韬：《美与生活》，黑龙江人民出版社 1993 年版。

周宪：《审美现代性批判》，商务印书馆 2005 年版。

朱狄：《当代西方美学》，人民出版社 1984 年版。

朱光潜：《西方美学史》，人民文学出版社 1980 年版。

朱光潜：《朱光潜全集》第 4 卷，安徽教育出版社 1996 年版。

朱立元主编：《现代西方美学史》上卷，海文艺出版社 1993 年版。

曾繁仁、高旭东：《审美教育新论》，北京大学出版社 1997 年版。

曾繁仁：《美学之思》，山东大学出版社 2003 年版。

宗白华：《宗白华全集》第 2 卷，安徽教育出版社 1994 年版。

Basic Issues in Aesthetics, MM Eaton – 1999 – Prospect Heights, Waveland Press.

Carroll London, Philosophy of Art: a Contemporary Introduction, New York: Routledge, 1999.

Gary Banham, Aesthetics and the ends of Art, Abingdon: Routledge.

M. Foucault, "The Ethics of the Concern for Self as a Practice of Freedom", Subjectivity and Truth, New York: Palgrave Macmillan, 2017.

M. Foucault, "On the Genealogy of Ethics: an Oveview of Work in Progress", Subjectivity and Truth, New York: Palgrave Macmillan, 2017.

Pamela R., Matthews and David McWhirter, editors, Aesthetics Subjects, Minneapolis: University of Minnesota Press.